COMO SE DECIDIR E RESOLVER PROBLEMAS

JOHN ADAIR

COMO SE DECIDIR E RESOLVER PROBLEMAS

TRADUÇÃO
UBK Publishing House

ubook ubk Publishing House

Publicado mediante acordo com Kogan Page. Edição original do livro, *Decision Making and Problem Solving*, publicada por Kogan Page.

COPIDESQUE Rowena Esteves
REVISÃO Mariá Moritz e Isis Pinto
CAPA E PROJETO GRÁFICO Bruno Santos
IMAGEM DE CAPA Freepik
DIAGRAMAÇÃO Abreu's System

Dados Internacionais de Catalogação na Publicação (CIP)
(Câmara Brasileira do Livro, SP, Brasil)

Adair, John
Como se decidir e resolver problemas / John Adair; tradução UBK Publishing House. – Rio de Janeiro: Ubook Editora, 2020.

Título original: Decision making and problem solving
Bibliografia
ISBN 978-65-86032-15-4

1. Pensamento – Desenvolvimento 2. Resolução de problemas 3. Tomada de decisão I. Título.

20-33860 CDD-658.403

Índices para catálogo sistemático:
1. Tomada de decisão: Administração de empresas 658.403
Cibele Maria Dias – Bibliotecária – CRB-8/9427

Ubook Editora S.A
Av. das Américas, 500, Bloco 12, Salas 303/304,
Barra da Tijuca, Rio de Janeiro/RJ.
Cep.: 22.640-100
Tel.: (21) 3570-8150

Sumário

Introdução

Há três formas de pensamento aplicado que todos nós precisamos ter:

1. Tomada de decisões.
2. Resolução de problemas.
3. Pensamento criativo.

Elas se sobrepõem consideravelmente, mas podem ser distinguidas.

Tomada de decisão = decidir qual ação deve ser feita; normalmente envolve escolha entre opções

Resolução de problemas = normalmente envolve encontrar uma solução, resposta ou conclusão

Pensamento criativo = gerar novas ideias

Figura 0.1 ***As três formas de pensamento aplicado***

Qualquer líder que aspira a excelência, obviamente, tem um interesse declarado em garantir que as melhores decisões sejam tomadas, que os problemas sejam resolvidos de forma ideal e que as ideias e inovações criativas, tão necessárias para o fluxo dos negócios do futuro, corram livremente. Naturalmente, todos na equipe ou organização devem estar engajados no cumprimento desses requisitos essenciais. Porém, você é a pessoa chamada para fornecer a liderança intelectual necessária. Você é capaz de fazer isso?

Um passo que você, definitivamente, deve tomar para alcançar esse objetivo é tornar-se mestre nos *processos de pensamento prático*, que estão por trás de toda a tomada de decisão eficaz, da resolução de problemas e do pensamento criativo. Você não pode garantir *resultados* — pois a sorte ou o acaso desempenham um papel em todos os assuntos humanos —, mas pode, pelo menos, ter certeza de que está usando processos testados e comprovados de pensamento para algum propósito. Essa é uma responsabilidade sua. Para mim, o objetivo deste livro é dotá-lo com o conhecimento necessário sobre esses processos e ajudá-lo a adquirir a capacidade para utilizá-los.

Mais uma coisa: esqueça a ideia de que *pensar* é, de alguma forma, algo doloroso e trabalhoso para a mente, um tipo de dor de cabeça que é melhor ser evitada caso seja possível. Pensar é divertido. Por diversão não quero dizer algo que proporcione prazer, pois a palavra também significa uma atividade que envolve o interesse ou a imaginação de alguém, uma atividade que pode ser mais do que uma diversão e pode envolver desafios e trabalho árduo, mas, ainda assim, ser uma fonte de prazer. Quando você passa a amar o pensar por si mesmo, aprende naturalmente a fazê-lo bem.

Como Roy Thomson, um dos maiores empresários do nosso tempo, disse uma vez: "Se tenho algum conselho a dar, como homem de sucesso, é o seguinte: se alguém quer ser bem-sucedido, tem que pensar; tem que pensar até doer." E acrescentou: "Tendo como base a minha observação atenta, posso dizer que há poucas pessoas que estão preparadas para realizar esse trabalho árduo e cansativo." Você é uma delas?

Nas páginas seguintes exploraremos algumas formas práticas de você melhorar suas habilidades nesta área-chave. Quando estiver lendo este livro, você deve:

- Compreender a forma como a mente funciona e os princípios do pensamento eficaz.
- Ter uma estrutura clara para a tomada de decisões.
- Estar ciente da relação entre a tomada de decisão e a resolução de problemas.
- Ser capaz de usar um modelo unificado para tomar decisões e resolver problemas.
- Melhorar sua capacidade de pensamento criativo.
- Estar em posição para traçar um caminho de melhora de suas habilidades de raciocínio em todos os níveis.

1
Sua mente funcionando

Por trás do seu pensamento prático e cotidiano, existe a coisa mais complexa conhecida no universo: a mente humana. Hoje em dia, ninguém contrata e paga uma pessoa pela sua força física. Você está empregado porque tem uma mente — e pode usá-la de forma eficaz.

Há uma distinção vital entre cérebro e mente. Pense em um computador como uma analogia. Seu cérebro é o que você verá se abrir o disco rígido do computador — todos aqueles chips e circuitos —, enquanto a mente é o que perceberá dinamicamente na tela. Neste livro, estamos focando a mente, pois ela é acessível a nós sem precisarmos abrir o crânio.

A mente apresenta dois aspectos:

1. As informações que podem ser armazenadas na memória.
2. O que ela pode fazer.

O que chamamos de conhecimento técnico ou profissional geralmente envolve ambos os aspectos. Você não só precisa de conhecimento sobre um assunto, como também precisa ser capaz de aplicá-lo em uma variedade de situações imprevistas.

Tais aplicações do conhecimento profissional envolvem invariavelmente as atividades de tomada de decisão e resolução de problemas. Um médico, por exemplo, está resolvendo problemas quando tenta diagnosticar a causa da fraqueza na perna esquerda de um paciente. De fato, a tomada de decisões e a resolução de problemas estão tão ligadas a determinados tipos de informação ou conhecimento — áreas de competência profissional — sobre os quais consideramos difícil pensar de forma abstrata.

Existem competências genéricas ou transferíveis nessas áreas? Sim, acredito que sim. A função característica da mente é pensar. Então, vamos deixar de lado, por um momento, a função de memória ou banco de dados da mente e nos concentrar em seu papel principal como ferramenta de pensamento.

Vamos considerar:

- Qual é a natureza do pensar?
- Existem princípios universais?
- Se sim, como você pode usar esses princípios para aprimorar suas habilidades como um pensador prático?

O SEU CÉREBRO ESTÁ FUNCIONANDO NESTE MOMENTO?

A base física da sua mente é, naturalmente, o cérebro, a matéria cinzenta alojada na sua cabeça. O seu cérebro é composto por cerca de 10 bilhões de células. Na verdade, há mais células do que pessoas na face da Terra! Cada uma dessas células pode ligar-se a aproximadamente 10 mil das suas vizinhas, o que lhe dá cerca de um seguido por oitocentos zeros de combinações possíveis.

O nosso *potencial* cerebral é conhecido por ser muito maior do que a capacidade real que o cérebro alcança. Ninguém chegou remotamente perto dos seus limites. Uma estimativa sugere que não usamos mais de dez por cento do nosso poder cerebral. Portanto, não se preocupe com o fato de que você está perdendo cerca de quatrocentas células cerebrais todos os dias — ainda que, se você não exercitar sua mente durante a vida, seu cérebro vai reduzir em um ritmo mais rápido. *Use-o ou perca-o!*

Antes de avançar, sugiro verificarmos se todas as suas 10 bilhões de células cerebrais estão aquecidas e funcionando bem tentando resolver alguns desafios. Na verdade, os três problemas a seguir requerem apenas cerca de 3 milhões de células cerebrais, por isso não vamos demorar muito nem nos atrasar!

Dois outros pontos antes de começarmos: os três problemas não são apenas desafios para o cérebro — eles ilustram princípios sobre o pensamento, por isso, não estou brincando com você; não darei a resposta, neste capítulo, dos dois primeiros problemas, embora o faça mais tarde. Isso pode ser um pouco frustrante, mas tenho uma razão para o suspense. Por razões que explicarei depois, penso que as respostas aos problemas 1 e 2 — partindo do princípio de que não é possível resolvê-los imediatamente — poderão vir mais tarde.

PROBLEMA 1: OS NOVE PONTOS

Pegue um pedaço grande de papel e faça nele um desenho de nove pontos, dessa forma:

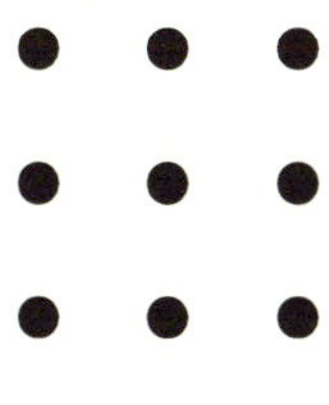

Agora, ligue os pontos por meio de quatro linhas consecutivas (isto é, sem tirar a caneta ou o lápis do papel). Você deve ser capaz de concluir esta tarefa dentro de três minutos.

PROBLEMA 2: OS SEIS PALITOS DE FÓSFORO

Coloque seis palitos de fósforo em uma superfície plana. Agora, arranje-os de modo a formar quatro triângulos equiláteros (ou seja, de lados iguais). Você não pode quebrar os palitos — essa é a única regra. Mais uma vez, você deve ser capaz de concluir o desafio dentro de três minutos. Há pelo menos duas soluções, mas quero a melhor.

PROBLEMA 3: QUEM É O DONO DA ZEBRA?

Tendo resolvido os dois desafios fáceis anteriores — parabéns se você resolveu ambos os problemas —, chegamos agora a algo um pouco mais difícil, então você deve convocar suas células cerebrais de reserva. O recorde mundial para resolver *ambas* as partes deste problema é de dez minutos. Por isso, vou lhe dar trinta minutos. Tenho certeza de que você irá concordar que é bem generoso da minha parte!

1. Temos cinco casas, cada uma com uma porta de entrada de cor diferente, habitadas por pessoas de diferentes nacionalidades, com diferentes animais de estimação e bebidas. Cada pessoa come um tipo diferente de comida.
2. O australiano vive na casa com a porta vermelha.
3. O italiano é dono do cão.
4. O café é bebido na casa com a porta verde.
5. O ucraniano bebe chá.
6. A casa com a porta verde está imediatamente à direita (a sua direita) da casa com a porta marfim.
7. A pessoa que come cogumelos cria caracóis.
8. As maçãs são comidas na casa com a porta amarela.
9. O leite é bebido na casa do meio.
10. O norueguês vive na primeira casa à esquerda.
11. A pessoa que come cebola vive na casa ao lado da pessoa com a raposa.

12. As maçãs são comidas na casa ao lado da casa onde o cavalo é mantido.
13. O comedor de bolos bebe suco de laranja.
14. O japonês come bananas.
15. O norueguês vive ao lado da casa com a porta azul.

Então, quem bebe água e quem é o dono da zebra?

AS FUNÇÕES DA MENTE

Vamos, agora, ver como funciona a mente. Falo em três funções principais:

1. Analisar.
2. Sintetizar e imaginar.
3. Valorizar.

Nas formas aplicadas de pensamento eficaz — tomada de decisão, resolução de problemas e pensamento criativo ou inovador —, todas essas três funções estão em ação. É a saúde subjacente delas que deter-

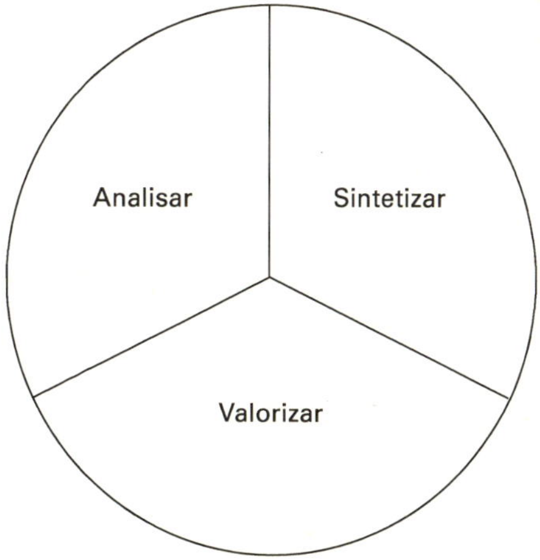

Figura 1.1 ***As principais funções da mente***

mina em grande parte a qualidade do seu pensamento. Poucas pessoas as têm em equilíbrio harmonioso, como mostra a figura 1.1. A maioria de nós é melhor em uma função do que nas outras duas.

Nossas diferentes forças mentais são uma poderosa razão pela qual precisamos uns dos outros: o pensamento eficaz em todas as suas formas é tanto uma atividade solitária como social. Você deve sempre se ver alternadamente pensando sozinho (por si mesmo) e pensando com os outros — face a face ou, neste caso, lendo ou usando outro método de comunicação. Ainda assim, é uma boa ideia procurar desenvolver suas habilidades nas áreas mais fracas, como uma pessoa desenvolvendo os músculos de um membro por meio do exercício: você não terá sempre as pessoas certas por perto para corrigir sua tendência para determinada função.

ANALISANDO

A palavra "analisar" vem de um verbo grego que significa "afrouxar" e quer dizer separar um todo nas suas partes constituintes. Ao enfrentar o exercício "Quem é o dono da zebra?", você estava usando suas capacidades analíticas de dissecação, tentando dividir a tarefa em partes.

O pensamento analítico está intimamente relacionado com o raciocínio lógico ou o passo a passo. Você deve ter notado que uma das habilidades que estava usando para lidar com esse problema em particular era seu poder de dedução.

A lógica tem duas partes principais:

1. **Dedução**
   Significa, literalmente, subtrair ou tirar. É o processo de deduzir uma conclusão do que é conhecido ou assumido. Mais especificamente, trata-se de inferir do geral para o particular. "Todos os cisnes são pássaros. Isto é um cisne. Portanto..."
2. **Indução**
   A indução funciona ao contrário. É o processo de inferir ou verificar uma lei ou princípio geral a partir da observação de casos particulares — é o núcleo do "método científico".

Exercício
Encontre o erro

Você consegue identificar a falácia lógica na seguinte afirmação?

O chefe executivo do St. Samaritan's Hospital Trust pigarreou e começou:

— Obrigado a todos por terem vindo a esta reunião, que é, como sabem, sobre como melhorar a qualidade do nosso serviço neste hospital. Para começar, decidi despedir todos os cirurgiões e médicos com mais de 55 anos. Olhem para estas cartas! Recebi cinco cartas de reclamação sobre a brusquidão e a falta de comunicação dos médicos aqui presentes, e duas mencionavam que os médicos são velhos demais ou já "ultrapassaram a data de validade". A forma de lidar com esse problema é reduzir a idade média do pessoal, por isso vou pedir a todos que aceitem a aposentadoria voluntária aos 55 anos. Há alguma pergunta antes de passarmos ao ponto seguinte da ordem do dia — lixo nos corredores?

O principal é que, ao contrário do executivo no exercício anterior "Encontre o erro", a maioria de nós é bastante boa em analisar problemas ou situações. Isso não é surpreendente, pois grande parte da nossa educação foi voltada para desenvolver nossos poderes dedutivos/indutivos (Matemática, Ciências, História e Literatura) e aprimorar nossas habilidades analíticas.

Exercício

Classifique suas habilidades analíticas

Pense em um problema resolvido recentemente em que você considera ter usado suas habilidades analíticas. Se você estava usando essas habilidades, é provável que tenha usado indução ou dedução em seu processo de pensamento. Faça algumas anotações na tabela a seguir.

Problema:	
Indução:	**Dedução:**

Se você tem exemplos tanto para indução como para dedução, é provável que estivesse usando suas habilidades analíticas. Avalie suas habilidades, sendo 1 o mais baixo e 5 sendo o mais alto.

Agora você pode buscar a solução para o problema "Quem é o dono da zebra?". Como verá, o desafio combina um teste de seus poderes de raciocínio ou raciocínio lógico com o importante princípio de tentativa e erro. Quando você se depara com duas alternativas — por exemplo, duas estradas em uma bifurcação sem sinalização que conduzem a direções muito próximas —, não há outra maneira senão tentar uma de cada vez. No caso desse exercício, utilizar um computador poupará seu tempo. No entanto, na vida real você pode, como se diz, ter que "chutar". A tomada de decisões não é uma ciência exata.

Dica

Há uma cópia da tabela do exercício no apêndice. Você pode usá-la da próxima vez que precisar analisar um problema e, novamente, avaliar suas habilidades analíticas em cada caso. Isso o ajudará a ver como suas habilidades analíticas estão melhorando.

SINTETIZANDO

Não é fácil dar uma única definição à segunda função. Sintetizar — outra palavra grega — é unir as coisas para criar um todo. É o processo inverso da análise. Você pode sintetizar coisas com suas mãos, o que você realiza sempre que monta ou faz qualquer coisa. Todos os produtos e serviços são resultados de sínteses, mas você também pode sintetizar mentalmente.

Quando isso acontece, outra faculdade entra em ação — a imaginação. A imaginação trabalha com imagens, e uma imagem é um todo que vai além da soma de suas partes.

Exercício

Feche os olhos por um momento e pense na sua casa ou no seu carro. O que você vê? Uma foto da sua casa ou carro? Experimente esse exercício com um colega. A resposta dele foi a mesma? Na verdade, é quase impossível não ver uma imagem, mas note que você vai ver a sua casa ou carro como um todo, não como uma pilha de tijolos ou dos componentes do carro.

Dica

Não subestime o poder da sua imaginação. Se tentarmos, podemos todos ver coisas que não existem. Por exemplo, pense em um homem de 56 metros de altura... Conseguiu entender?

Esse caminho nos conduz a como gerar ideias, tema que será explorado no capítulo cinco.

A ligação entre a criatividade e o processo de síntese é clara quando contemplamos como a natureza funciona. Um bebê nasce por completo e cresce. A natureza é *holística*. Um famoso sul-africano, o marechal de campo Jan Smuts, que também era um grande cientista agrícola, cunhou a palavra holismo para descrever a forma como a natureza criava a totalidade, ordenando ou agrupando várias unidades. As realidades essenciais da natureza, argumentava Smuts, são essas totalidades irredutíveis. Se analisadas em partes, elas perdem a sua qualidade holística essencial. Como disse o poeta William Wordsworth, "Matamos para dissecar". A sua mente tem uma dimensão holística. Pode pensar tanto holisticamente — em termos de totalidade — como analiticamente (dividindo a totalidade em pedaços).

Exercício

Considerando 1 como o mais baixo e 5 como o mais alto, como você classificaria suas capacidades imaginativas? Consegue pensar em algum momento em que usou sua imaginação como um auxílio na tomada de decisão ou na resolução de um problema?

A terceira função entra em ação em atividades mentais, como estabelecimento de critérios de sucesso, avaliação, classificação de desempenho e julgamento de pessoas — por exemplo, em uma entrevista de seleção. A *crítica* (que vem da palavra grega para juiz) é uma forma de valorização.

Por acaso, as críticas, como comumente entendidas, na maioria das vezes sugerem desaprovação — algum tipo de julgamento negativo. No entanto, na sua utilização mais formal, pode sugerir uma análise neutra ou mesmo a aprovação da avaliação. O julgamento nem sempre é desfavorável.

Em toda valorização há um elemento objetivo (fora de você) e outro subjetivo. Todos nascemos com a capacidade de valorizar. O que *realmente* valorizamos — os nossos valores — depende, em grande parte, do nosso ambiente e da nossa cultura.

Os valores são como as cores. Qual é a cor da grama? "Fácil", você responde. "É verde". Porém, os cientistas nos falam que a grama não tem uma cor intrínseca: é apenas um reflexo da luz em uma onda que chamamos de verde. A estrutura dos nossos olhos também é um fator. A nossa contribuição subjetiva para a percepção da cor é significativa. Pelo fato de eu ser daltônico em relação a certos matizes do espectro vermelho-verde — felizmente não em relação às gramas mais verdes —, estou pessoalmente muito consciente desse fato.

A palavra *valor* vem de uma metáfora de mercado: é o que você tem que dar para receber algo do outro lado da caixa registradora. A invenção do dinheiro revolucionou a troca. Um mérito do dinheiro é que era um padrão de medição universal, mas há uma abundância de outros valores que se encaixam em qualquer forma de tomada de decisão, especialmente nos negócios de hoje. (Veja o exercício a seguir.)

Exercício
Os valores em funcionamento

Faça uma lista de todos os valores — além do valor financeiro (lucro) — que podem influenciar suas decisões de negócios nos próximos dez anos.

Verifique se a empresa para a qual você trabalha emitiu uma declaração de seus valores corporativos. Se sim, obtenha uma cópia e sublinhe o que julga ser o valor-chave para ela.

Até que ponto os valores da sua organização se sobrepõem à sua própria filosofia de vida?

Se os valores, em seu sentido popular, têm ou não uma existência distinta, e de onde vêm, se não de nós mesmos, são questões filosóficas que estão além do escopo deste livro. Contudo, em todos os pensamentos há um forte argumento para agir como se a verdade — um membro da trindade bondade, verdade e beleza — realmente existisse "lá fora". Seria impossível, por exemplo, explicar a imensa história de sucesso da ciência moderna sem a crença funcional de cientistas como Einstein de que a verdade está "lá fora", à espera de ser descoberta.

Exercício

Agora classifique suas habilidades de valorização; sendo 1 o mais baixo e 5 o mais alto. Compare essa avaliação com suas classificações para as habilidades analíticas e de síntese. Onde você acha que estão os seus pontos fortes e fracos? Repita este exercício a cada poucos meses. Vê alguma mudança?

INTRODUÇÃO AO PRINCÍPIO DE MENTE PROFUNDA

Como todos sabemos, temos mentes subconscientes e inconscientes, mas não estamos tão conscientes do papel vital que a dimensão que chamo de Mente Profunda desempenha em nosso pensamento. Podemos, por assim dizer, analisar, sintetizar e valorizar durante o sono ou quando estamos fazendo algo muito diferente, como jardinagem ou lavar a louça. Longe de ser caótica, a Mente Profunda desempenha um grande papel na descoberta científica e na arte criativa. É também a fonte da intuição — esse tão importante sexto sentido.

Exercício

Conrad Hilton estava tentando comprar um velho hotel em Chicago. Alguns dias antes da data-limite para a apresentação dos envelopes de propostas, Hilton apresentou uma proposta de 165 mil dólares, um valor ao qual ele tinha chegado por meio de alguns cálculos precipitados, pois estava ocupado com outras coisas na época. Naquela noite ele foi para a cama sentindo-se vagamente perturbado, e acordou na manhã seguinte com a sensação de que a oferta não era suficientemente alta. Outro valor continuava aparecendo em sua Mente Profunda — 180 mil dólares. "Preferi isso. Pareceu-me justo. Pareceu-me certo. Mudei o meu lance para o valor mais alto. Quando os envelopes foram abertos, a oferta mais próxima da minha era de 179 mil dólares."

Você consegue pensar em uma decisão ou problema similar, na sua experiência, em que sua Mente Profunda teve um papel parecido?

Quais teriam sidos as consequências se você não tivesse ouvido sua Mente Profunda?

Checklist: Escutando sua Mente Profunda

	Sim	Não
Você tem uma atitude amigável e positiva em relação à sua Mente Profunda? Você *espera* que ela funcione a seu favor?	☐	☐
Sempre que possível, você inclui nos seus planos um tempo para pensar sobre o assunto, para que consiga dar à sua Mente Profunda uma oportunidade para contribuir?	☐	☐
Você tenta deliberantemente usar sua Mente Profunda para ajudá-lo a:		
Analisar uma situação complexa?	☐	☐
Reestruturar um problema?	☐	☐
Realizar julgamentos de valor?	☐	☐
Você já passou pela situação de acordar na manhã seguinte e perceber que sua mente inconsciente resolveu algum problema ou tomou uma decisão por você?	☐	☐
Você entende sua Mente Profunda como sendo um computador? Lembre-se do provérbio da informática: "Se apenas dados inconsistentes são inseridos no sistema, o resultado não pode ser outro, ou seja, lixo entra, lixo sai."	☐	☐
Você deixa um notebook ou um gravador à mão para registrar ideias espontâneas ou em formação? Você acha que se beneficia ao entender como a Mente Profunda de uma pessoa funciona?	☐	☐

Roy Thomson, em sua autobiografia *After I Was Sixty* (1975), explica como funciona a Mente Profunda:

> Quando surgia um novo problema, eu pensava nele e, se a resposta não aparecesse imediatamente, eu o abandonava durante algum tempo, e era como se ele passeasse pelas células cerebrais à procura de orientação que pudesse ser obtida, pois na manhã seguinte, quando eu voltava a examinar o problema, na maioria das vezes a solução surgia imediatamente. Esse comportamento parece ter nascido quase inconscientemente, e minha convicção é que, durante o tempo em que eu não estava considerando conscientemente o problema, o meu subconsciente estava analisando e relacionando-o em minha memória.

O uso de sua Mente Profunda na tomada de decisões, na resolução de problemas e no pensamento criativo é um princípio tão importante que voltarei a ele mais tarde. A pergunta de um milhão de dólares é: podemos desenvolver a nossa capacidade de Mente Profunda? A minha resposta é: sim, podemos. E o primeiro passo é ter a *consciência* de que ela existe e funciona. O segredo do pensamento eficaz é trabalhar com o que há de mais natural em sua mente — *siga o fluxo*, como dizem, mas veja se consegue conduzir o barco.

Resumo dos pontos

- Somos chamados de *Homo sapiens* por causa das nossas mentes. A capacidade humana de exercitar a mente — a atividade que chamamos de pensamento — é verdadeiramente notável. No entanto, poucos de nós usam a mente para algo próximo da capacidade máxima.
- Pensar é considerar ou examinar na mente, refletir ou ponderar. À medida que o experimentamos, o pensamento é uma única corrente de consciência. Porém, podemos discernir três correntes entrelaçadas ao pensar para algum propósito: analisar, sintetizar e valorizar.

- *Analisar*, a primeira função, tende a ser altamente desenvolvida pela educação ocidental. É a capacidade mental de fragmentar as coisas — materiais e não materiais — em pedaços, para separá-las em suas partes componentes. Está relacionado, mas não é idêntico, ao pensamento lógico ou ao passo a passo.
- *Sintetizar* é o processo inverso de juntar as coisas para formar um todo. Quando o todo resultante é formado a partir de partes anteriormente pensadas como desconectadas, quando parece novo e tem valor real, então a sintetização tornou-se *criativa*.
- *Valorizar*, a terceira função principal no pensamento intencional, é autoexplicativa. Mesmo nas mais rígidas escolas de ciência ou lógica, é impossível excluir o valor. Todos nós somos criaturas valorizadoras; os nossos valores reais são largamente moldados pela nossa experiência cultural. Claro que, ao sair da caixa cultural das nossas vidas particulares, encontramos valores mais universais: bondade, verdade e beleza.
- Essas funções — analisar, sintetizar e valorizar — podem fazer seu trabalho no nível inconsciente que chamei de Mente Profunda. De fato, quando decisões complexas têm que ser tomadas, problemas precisam ser resolvidos ou produtos verdadeiramente criativos estão envolvidos, a Mente Profunda é uma dimensão vital no uso efetivo de sua mente.

Só pensamos quando isso nos é natural. Somente quando a rotina é interrompida pela intrusão de uma dificuldade, obstáculo ou desafio é que somos forçados a parar de nos desviar e pensar o que vamos fazer.

John Dewey

2

A ARTE DE TOMAR DECISÕES EFICAZES

Há um momento em que temos de escolher firmemente o rumo que vamos seguir, ou a implacável deriva dos acontecimentos tomará a decisão por nós.

Herbert V Prochnow

Na tomada de decisões há uma abordagem clássica de cinco passos que podem ser úteis para você. Isso não quer dizer que deva segui-la cegamente em todas as situações. No entanto, é uma sequência de pensamento bastante natural e, mesmo sem a estrutura formal, você tenderia a seguir esse caminho mental. A vantagem de torná-lo consciente é que é mais fácil ser rapidamente consciente quando uma etapa está errada ou — mais provavelmente — foi realizada sem compreensão ou intenção. Consulte a figura 2.1 para um esboço dos cinco passos. Continuaremos a falar sobre cada um deles neste capítulo.

É útil pensar nos cinco passos como cinco notas de música. Logicamente, elas devem ser tocadas em sequência rigorosa, mas a mente joga com elas — as notas podem ser combinadas em diferentes sequências e acordes mentais. Pensar não é um processo organizado, mas deve ser feito com alguma ordem.

Lembre-se de que não estamos falando apenas de grandes decisões, pois há muito mais envolvido na gestão de um negócio do que tomar uma decisão de vida ou morte.

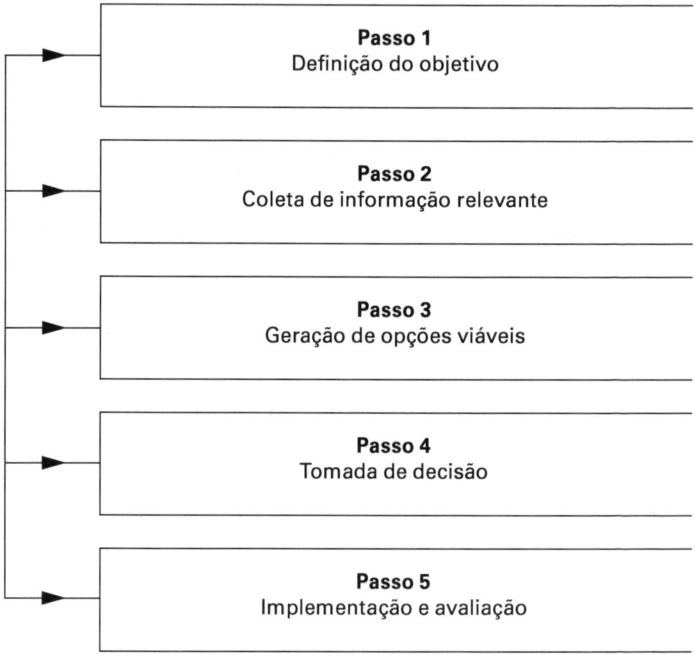

Figura 2.1 ***A abordagem clássica para a tomada de decisão***

Vamos parar um momento para colocar a tomada de decisão em perspectiva:

1. Nenhuma decisão, não importa quão grande seja, é mais do que uma pequena fração do resultado total.
2. Algumas decisões são muito maiores do que outras, e algumas são mais simples.

3. É realmente verdade que um número muito maior de pequenas decisões tem um resultado cumulativo.

Em retrospectiva, normalmente podemos identificar essas poucas decisões cruciais, mas é realmente o fluxo de decisões menores ao longo do tempo, tomadas e executadas com a habilidade de um artesão, que produz ótimos resultados.

> **Exercício**
>
> Olhando para a lista anterior, você consegue pensar em um exemplo de tomada de decisão para cada tipo? Você reconheceu a importância das decisões no momento ou o fator foi a retrospectiva?

DEFINIÇÃO DO OBJETIVO

Você sabe o que está tentando alcançar? Você precisa ser claro — ou o mais claro possível — sobre aonde quer chegar. Caso contrário, todo o processo de tomada de decisão é obscurecido por uma nuvem. Como diz o provérbio, *se você não sabe para que porto está indo, qualquer vento é o vento certo.*

> **Dica**
>
> Se estiver em dúvida quanto ao seu alvo, tente descrevê-lo. Deixe-o de lado por um ou dois dias, se o tempo permitir, e depois olhe para ele novamente. Você pode ser capaz de ver de uma só vez como ele pode ser preciso ou focado.

COLETAR INFORMAÇÕES RELEVANTES

A próxima habilidade diz respeito ao recolhimento e à peneiração de informações relevantes. Algumas delas serão imediatamente claras, mas outros dados podem estar faltando. É sábio não tomar decisões na ausência de informações de importância crítica que não estejam imediatamente disponíveis, desde que um atraso planejado seja aceitável.

Lembre-se da distinção entre informação *disponível* e *relevante*. Um erro clássico é olhar para a decisão geral e depois recorrer à informação que nos ajudará a decidir. Alguns pensadores, no entanto, não olham para a informação à sua disposição e se questionam "Isso é relevante?". Em vez disso, perguntam: "Como posso usar isso?". Eles confundem dois tipos de informação — como ilustrado na figura 2.2.

A vida seria muito mais simples se você pudesse usar apenas as informações à sua disposição, em vez das que você realmente precisa para tomar a decisão! Muitas vezes a quantidade de dados é tão grande — há quilômetros de dados online — que apenas adiciona volume a, digamos, um relatório de gerenciamento, sem dar às recomendações qualquer peso (metafórico) adicional.

> **Dica**
>
> Antes de ir em frente e tomar sua decisão, faça uma pausa para considerar se há tempo ou escopo para coletar informações mais relevantes.

O rápido crescimento das comunicações eletrônicas, das redes sociais e de outras distrações online contribuiu para uma nova doença: a síndrome de sobrecarga de informação. Uma pesquisa internacional recente com 1.300 gerentes listou os sintomas da nova doença, que incluem sensação de incapacidade de lidar com os dados recebidos à medida que se acumulam, resultando, às vezes, em estresse mental e até mesmo em doença física que requer tempo afastado do trabalho.

A pesquisa constatou que essa sobrecarga é um problema crescente entre os gerentes — quase todos preveem que ela piore. Os executivos e seus juniores afirmam que estão presos em um dilema: todos dizem que devem ter mais informações para que possam tomar melhores decisões, mas a proliferação de fontes torna impossível manter-se a par dos dados.

> **Dica**
>
> Você já tentou desativar seu e-mail por um período e/ ou tomar medidas para evitar a internet ou receber mensagens e alertas? Se você puder evitar esse tipo de distração por períodos regulares, achará muito produtivo.

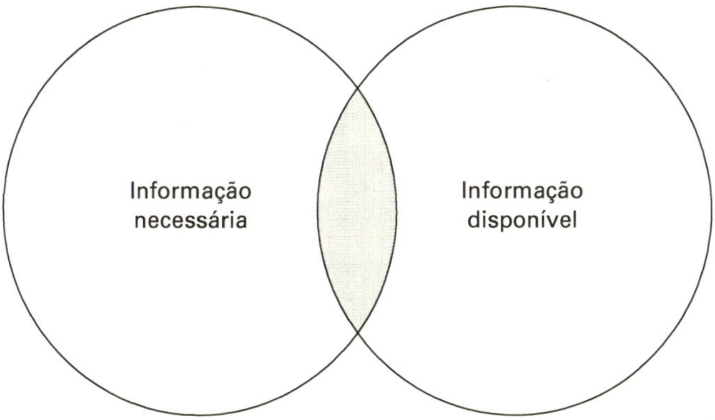

Figura 2.2 *Categorias de informação*

O crescimento da informação tem sido implacável. O *New York Times* produz tanta informação distinta cotidianamente quanto a quantidade de informação que uma pessoa do século XVII encontrava na vida inteira. Não admira que metade dos gestores entrevistados tenha se queixado de sobrecarga de informação, em parte causada por enormes quantidades de informação não solicitada. A mesma proporção também espera que a incrível expansão da internet intensifique o problema ano após ano.

Para evitar sucumbir à síndrome de sobrecarga de informação, você precisa de todas as habilidades descritas neste livro!

Suponha que a sobreposição entre as informações *necessárias* e as informações *disponíveis* não seja suficiente: o que fazer? Obviamente, você passou a obter mais informações da categoria *necessária,* mas obter informação ou — para usar uma descrição mais ampla — pesquisar implica custos em tempo e dinheiro. Mesmo que a sua organização não esteja no mercado para lucrar, ela certamente tem que ser um negócio que visa conter custos.

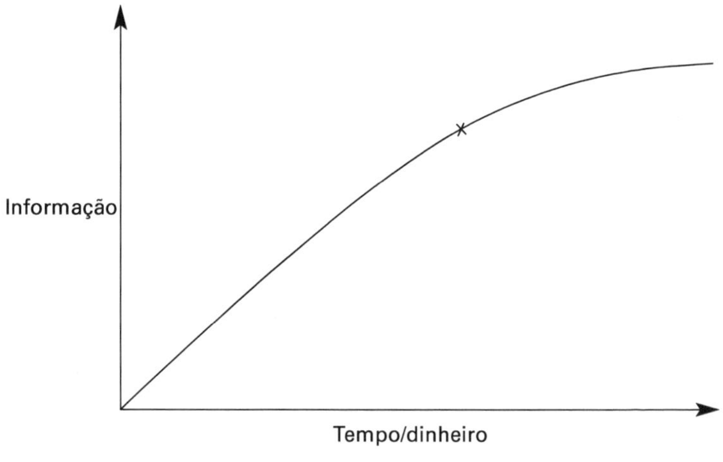

Figura 2.3 ***A curva tempo/ informação***

O que a figura 2.3 sugere é que você geralmente adquire uma grande quantidade de informações relevantes em um tempo relativamente curto e, possivelmente, a um custo relativamente baixo. Porém, a linha logo se curva em direção a um platô. Você se verá gastando cada vez mais tempo para descobrir cada vez menos informações relevantes. Por exemplo, se nós nos sentássemos um ao lado do outro em um jantar, eu provavelmente descobriria todas as coisas realmente importantes sobre você na primeira meia hora. Quanto mais tempo falássemos, menores seriam as novas informações sobre você. Depois de três horas, eu já deveria conseguir discutir detalhes.

Exercício

Pense em uma decisão que você tem que tomar, ou tenha tomado recentemente. Então, anote as informações que você tem na coluna da esquerda da tabela a seguir. Agora, desenhe uma seta para a coluna da direita para qualquer informação que considere relevante.

Decisão a ser tomada:	
Informação:	**É relevante?**

A tabela apresentada está disponível no apêndice deste livro para ajudá-lo na próxima vez que você precisar entender informações relevantes a partir da informação disponível.

GERAÇÃO DE OPÇÕES VIÁVEIS

Observe o uso da palavra *opções* em vez de *alternativas*. Uma alternativa é, literalmente, um dos dois caminhos possíveis. Tomadores de decisão que não têm habilidade tendem a pular muito rapidamente para as duas alternativas; não gastam tempo e energia mental suficientes para gerar, pelo menos, três ou quatro possibilidades. Como Bismarck costumava dizer aos seus generais: "Podem ter a certeza de que se o inimigo tiver apenas dois campos de ação disponíveis, ele escolherá o terceiro." Alfred Sloan, o renomado presidente da General Motors, ficou conhecido por suspender as reuniões em que lhe eram apresentadas apenas duas alternativas. "Por favor, vá embora e gere mais opções", diria ele.

Você precisa abrir sua mente em um foco amplo para considerar todas as possibilidades, e é aí que entra a geração de ideias (ver capítulo cinco). Então, sua faculdade de valorização deve entrar em jogo para identificar as opções *viáveis.* A palavra "viável" significa o que pode ser feito, criado ou realizado. Se for viável, há uma verdadeira possibilidade de ser executável; pode atingir o fim que você tem em mente.

Ao mover-se ao longo da armadilha para lagosta (veja figura 2.4) das opções viáveis (não mais de cinco ou seis, pois a mente tem dificuldade em lidar com mais) para três opções e depois para duas (as verdadeiras alternativas), o princípio a se ter em conta é que é mais fácil falsificar alguma coisa do que verificá-la.

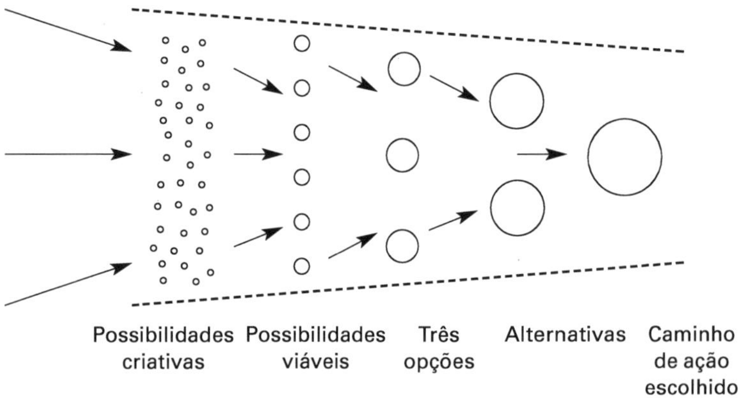

Figura 2.4 ***O modelo da armadilha para lagosta***

> **Dica**
>
> Lembre-se de que ter opções demais pode ser tão ruim quanto ter poucas opções. Se tiver muitas, é provável que se sinta sobrecarregado e tenha dificuldade para fazer uma escolha, quanto mais a escolha certa. Se tiver poucas, as suas opções podem ser limitadas.

Exercício

Vamos trabalhar com uma decisão em conjunto, para ver como funciona, na prática, o processo de reduzir um número de opções a uma decisão final.

Imagine que precise comprar um carro novo. Você já decidiu que gostaria de um carro de tamanho médio. Então, pesquisou uma série de modelos e tem cinco em mente como opções potenciais.

Primeiro, você descobre que um dos carros é vinte centímetros mais comprido do que os outros, o que lhe causará um problema devido ao tamanho da sua garagem. Então, você desconsidera esse modelo como opção.

- *Agora restam quatro opções.*

Então, ao estudar as especificações, você não entende por que um modelo é 7 mil reais mais caro do que os outros, apesar de ser de uma marca de prestígio. Então você decide desconsiderar este modelo como uma opção também.

- *Agora restam três opções.*

Seu parceiro não gosta da cor de um modelo e, sendo um artista, se opõe em relação a isso. Essa opção também não mais é considerada.

- *Agora restam duas opções.*

Você acabou de ler este livro e, sendo persuadido pelo argumento do texto, decide gastar um pouco mais de tempo para obter mais informações. Então, faz um *test drive* nos carros que restam como alternativa. Ambos são bons e se saem muito bem. Você sabe que qualquer um deles servirá ao seu propósito. Agora é uma questão de dinheiro e de disponibilidade das cores que o seu parceiro gosta. Uma das concessionárias lhe oferece um preço muito melhor e pode entregar o modelo certo.

- *Você tem uma opção restante, pois tomou sua decisão.*

Olhando para a figura 2.3, você pode ver como a curva tempo/informação entrou em jogo durante o processo de tomada de decisão?

TOMADA DE DECISÃO

A atividade preliminar essencial aqui é estabelecer os critérios de seleção. Vale a pena dividi-los em diferentes níveis de prioridade (veja figura 2.5).

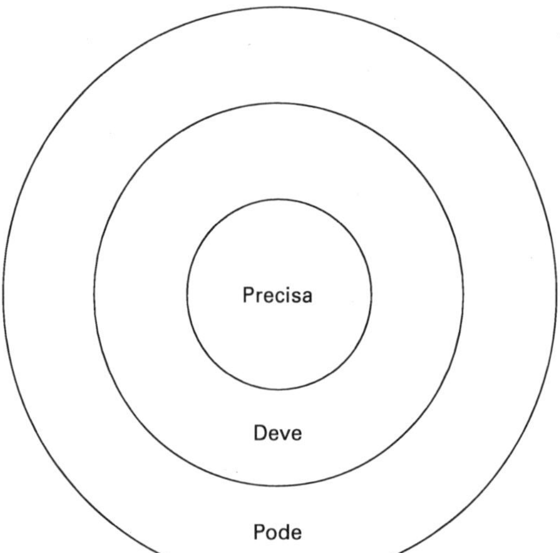

Figura 2.5 ***Critérios de tomada de decisão***

A menos que uma opção atenda aos requisitos PRECISA, você deve descartá-la. Porém, depois que o essencial tiver sido satisfeito, a lista de desejos — os DEVE altamente desejáveis ou as adições agradáveis do PODE — entra em ação.

Escolher um carro é um caso relativamente simples, porque há um número finito de modelos dentre os quais escolher e uma lista relativamente simples de critérios a serem cumpridos. A fim de ajudá-lo a escolher em casos mais complexos, lembre-se de que você pode tomar uma decisão:

- Listando as vantagens e desvantagens.
- Examinando as consequências de cada escolha.
- Testando o curso proposto de acordo com o seu objetivo.
- Ponderando os riscos em face dos ganhos esperados.

Exercício

Pensando na mesma decisão que usou para completar o exercício em que diferencia as informações disponíveis das informações relevantes, quais são suas cinco opções mais prováveis?

Tente completar esta matriz de tomada de decisão para cada opção para ver se consegue eliminar alguma delas. Esta tabela se encontra no apêndice para que você a copie e reutilize.

Opção		
Vantagens:	Desvantagens:	Consequências:
Há alguma forma de testar essa opção?	Riscos:	Ganhos:

AVALIAÇÃO DO RISCO

O que torna as decisões realmente difíceis é o fator de alto risco. Talvez você se lembre do conselho conflitante dos dois ditados: *Olhe antes de saltar* e *Aquele que hesita está perdido*. Há uma habilidade importante em calcular o risco. Calcular soa matemático, e há uma abundância de livros de gestão com o termo "tomada de decisão" no título que oferecem várias "teorias de probabilidade" e métodos estatísticos para facilitar a avaliação de risco. Naturalmente, há tecnologia disponível que também pode ajudá-lo com essa abordagem. Às vezes a atribuição de números e esse tipo de cálculo podem ajudar, mas a contribuição da matemática para esse campo é muito limitada. A experiência desempenha um papel muito maior.

Uma ideia útil é definir a pior desvantagem: o que aconteceria no pior cenário? Você poderia lidar com ele ou seria muito ruim? No entanto, em situações de alto risco/ grande recompensa, embora você saiba que ficará mal se nem tudo der certo, ainda poderá decidir tomar o curso de alto risco porque a recompensa é muito importante para que você a abandone.

Você, então, tem que direcionar sua mente para fazer tudo o que puder para reduzir o risco. É aqui que a experiência, a prática, a consulta com especialistas, o reconhecimento e os ensaios mentais podem ser técnicas relevantes. Você está tentando transformar a *possibilidade* de sucesso na *probabilidade* de sucesso, mas não será capaz de eliminar completamente o risco: nessa situação, há muitas contingências.

AVALIAÇÃO DAS CONSEQUÊNCIAS

O risco é um aspecto da reflexão sobre as consequências dos cursos de ação viáveis.

As consequências vêm em duas formas: manifestas e latentes. As consequências manifestas são aquelas que, em princípio, permitem prever quando tomar a sua decisão. Digo "em princípio" porque isso não significa dizer que você de fato as previu. O que quero dizer é que qualquer pessoa capaz com o conhecimento, a experiência ou a habilidade esperada de alguém em sua posição poderia prever essas consequências. Se você tentar roubar um banco, por exemplo, as consequências *manifestas* são óbvias para qualquer pessoa razoável:

- Você pode tornar-se incrivelmente rico.
- As pessoas, incluindo você, podem se ferir.
- Você pode ir para a prisão.

As consequências *latentes* são diferentes na medida em que não são quase tão prováveis, ou mesmo possíveis, e uma pessoa razoável pode ser a favor de não ver os efeitos colaterais que resultam dos acontecimentos desencadeados por uma decisão. É certo que, com a ajuda da tecnologia, torna-se um pouco mais fácil, em certos domínios, identificar consequências latentes, mas raramente é possível isolar-se de surpresas agradáveis ou desagradáveis. Não podemos prever o futuro dessa forma.

A emergência de consequências *latentes*, é claro, desencadeia outra rodada de tomada de decisão e atividade de resolução de problemas. No entanto, as soluções são a semente de novos problemas.

Exercício

Vamos trabalhar considerando o seguinte cenário de tomada de decisão, avaliando o risco e as consequências.

Imagine que você precise tomar uma decisão em relação à sua equipe: você deve decidir se irá ou não introduzir a remuneração relacionada ao desempenho. Preencha os quadros da grade na figura 2.6 com as consequências da decisão de realizar pagamento totalmente relacionado ao desempenho. Repita agora o exercício com as consequências da decisão de continuar com a remuneração não relacionada ao desempenho.

	Positivo	Negativo
Você		
Outros		

Figura 2.6 ***A janela de resultados***

Que decisão tem as consequências mais indesejáveis?

Dica

A grade da figura 2.6 é apresentada no apêndice. Você pode usá-la para avaliar os riscos e as consequências de decisões futuras.

Suponho que, se soubéssemos das consequências *latentes* de todas as nossas decisões no momento em que as tomássemos, deveríamos decidir por ficar na cama o dia todo e nunca mais tomar outra decisão! Porém, essa decisão por si mesma teria consequências manifestas e latentes. Tudo o que podemos fazer, como humanos e não anjos ou deuses, é tomar as melhores decisões que podemos, dadas as informações e circunstâncias, e então tomar outras decisões para lidar com as consequências latentes conforme elas surgem.

Dica

Lembre-se de que grande parte da tomada de decisões tem a ver com confiança, e sua confiança provavelmente será benéfica para as pessoas ao seu redor. Como disse Anna Wintour, editora-chefe da revista *US Vogue*: "As pessoas reagem bem àqueles que têm a certeza do que querem."

Lembre-se de que há uma grande diferença entre uma decisão *errada* e uma má decisão. Uma decisão errada é escolher escavar seu único poço de petróleo em um lugar e não em outro. É um erro caro, mas a culpa é do método. Uma má decisão é lançar o ônibus espacial Challenger em uma manhã muito fria, quando os engenheiros responsáveis pela vedação nos motores previram uma chance de quase 100% de que eles falhassem em tais condições. Isso foi feito — com uma trágica perda de vidas. Aqui, o método ou processo de tomada de decisão foi deliberadamente ignorado ou posto de lado de forma irresponsável.

A distinção é importante porque separa os *resultados* — que você não pode controlar totalmente, por causa do papel que a sorte ou o acaso desempenham — do *processo*, que você pode. As decisões erradas são um aspecto inevitável da vida, tanto no âmbito pessoal como no profissional. Nós as resgatamos aprendendo as lições que nos ensinam, pagando as taxas que a vida cobra tão alegremente quanto possível. No entanto, as más decisões são armadilhas previsíveis; são erros não forçados. Elas são eminentemente evitáveis se você usar os processos, os métodos e as técnicas comprovados e descritos neste livro.

Exercício

Tire um momento para se lembrar de uma decisão que você tomou e que não teve o resultado que esperava. Você tomou uma má decisão ou uma decisão errada? Sabe qual teria sido a decisão certa agora que todas as consequências (manifestas e latentes) da decisão que você tomou estão claras?

IMPLEMENTAÇÃO E AVALIAÇÃO

A palavra "decisão" vem de um verbo em latim que significa "cortar"; está relacionada a palavras como "tesoura" e "incisão".

O que é "cortado" quando você toma uma decisão é a atividade preliminar de pensar, especialmente a parte de pesar os prós e contras dos vários cursos de ação. Nesse momento você passa para a fase de ação. As coisas começam a acontecer.

Sempre vale a pena identificar o que eu chamo de *point of no return* (PNR), ou ponto sem retorno, um termo que vem da aviação (figura 2.7). A meio caminho da travessia do Atlântico, é mais fácil para o piloto continuar para Paris em caso de problemas com o motor do que voltar para Nova York. O piloto passou pelo PNR e está comprometido.

No seu sentido mais vasto, o PNR é o ponto em que lhe custa mais voltar atrás ou mudar de ideia do que continuar com uma decisão que já se sabe ser imperfeita. Na maioria das decisões, você tem um pouco de margem de manobra antes de, finalmente, se comprometer: você ainda pode mudar de ideia. Muitas vezes, como no exemplo de Conrad Hilton, é a sua Mente Profunda que verifica a sua decisão. Ou sussurra "Sim, estou satisfeita", ou começa uma campanha insidiosa e insistente para que você pelo menos reveja sua decisão, ou então mude de ideia.

Figura 2.7 ***Ponto sem retorno ou*** **point of no return**

Há outra razão para encarar a implementação como parte do processo de tomada de decisão, e não como o seu fim. A sua capacidade de avaliação é obrigada a entrar em jogo em algum momento, a fim de avaliar a decisão.

Precisará se perguntar:

- Você acertou?
- Poderia ter tomado a decisão mais depressa?
- Essa decisão poderia ter sido tomada a um menor custo para outros?

Todos esses dados vão para o seu banco de memória e informam a Mente Profunda, para que, na próxima vez que você tomar uma decisão semelhante, essa informação sobre o seu passado possa estar disponível na forma de uma intuição mais assertiva. Isso é o que constitui o que chamamos de experiência.

Exercício

Você consegue pensar em alguma decisão que tenha tomado em que recorreu a uma experiência anterior? Ela foi relativamente fácil de ser tomada? Isso é a sua Mente Profunda trabalhando.

Dica

Lembre-se, a sua Mente Profunda realmente funciona!

Em 2006, alguns investigadores da Universidade de Amsterdam decidiram pôr à prova a teoria da Mente Profunda. Os psicólogos pediram a um grupo de voluntários para fingir que estavam prestes a comprar um dentre quatro carros. Os voluntários receberam muitas informações sobre os veículos, e um modelo era muito melhor que os outros.

Metade dos voluntários teve tempo para refletir sobre os méritos de cada carro, enquanto os outros tiveram que resolver quebra-cabeças para manter suas mentes ocupadas. Ambos os grupos foram então convidados a escolher o carro que iriam comprar.

Os resultados mostraram que aqueles que se restringiam ao pensamento consciente eram menos propensos a escolher o melhor negócio.

Aqueles cujas mentes superficiais estavam ocupadas com os quebra-cabeças irrelevantes fizeram melhores escolhas. Em um segundo experimento, os voluntários foram confrontados com escolhas de móveis na Ikea e os resultados foram semelhantes.

O que os experimentos mostram é que sua Mente Profunda pode lidar com mais fatos e números do que sua mente consciente. Essa última é boa em escolhas simples, como a compra de toalhas diferentes ou conjuntos de luvas térmicas distintos. Porém, as escolhas feitas em assuntos complexos, como entre casas ou carros diferentes, são melhores se a sua Mente Profunda estiver envolvida.

Esse princípio, posso acrescentar, aplica-se *sempre* às decisões das pessoas, especialmente à escolha do seu parceiro de vida. “São razões femininas, tão-somente: penso que ele é o melhor, porque assim penso”, diz uma das heroínas de Shakespeare. Em linguagem menos eloquente, podemos dizer que é a nossa Mente Profunda que melhor processa toda a informação complexa que vem de outra pessoa e a transforma em um julgamento simples, mas profundo. Quem sabe como esse trabalho é realizado na colmeia interior da mente?

Exercício

Você consegue se lembrar de um momento em que não escutou sua Mente Profunda e se arrependeu? Por que não a escutou?

Checklist da tomada de decisão

Você já definiu seu objetivo?
Você já teve tempo para coletar informações *relevantes*?
Você gerou um número suficiente de opções *viáveis*?
Você já avaliou o risco e considerou as consequências de cada opção?
Você já avaliou a sua decisão em relação aos seus critérios de sucesso?

Tome cuidado para que o mel não permaneça no mesmo estado em que você o colheu: as abelhas não teriam crédito se elas não o transformassem em algo diferente e melhor.

Petrarch

Resumo dos pontos

- Às vezes é útil para a mente ter uma estrutura para abordar tarefas potencialmente difíceis. Na tomada de decisões, há um quadro simples de cinco etapas ou fases. Pense nele mais como um processo em espiral, como este:

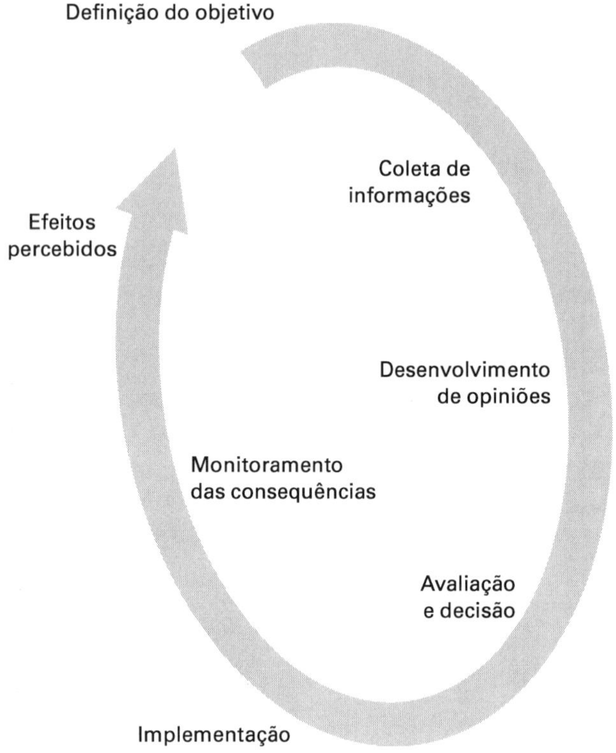

- *A definição do objetivo* é, invariavelmente, importante na tomada de decisões. Uma dica útil é escrevê-lo, pois vê-lo por escrito muitas vezes o ajuda a alcançar a clareza mental necessária.
- O *recolhimento de informação relevante* envolve tanto o levantamento da informação disponível como a tomada de medidas para adquirir a informação em falta, mas que é *relevante* para o assunto em questão.
- Para *gerar opções viáveis*, lembre-se do modelo da armadilha para lagosta! Você deve ser capaz de passar sistematicamente de uma série de possibilidades — algumas delas podem ser o resultado de um pensamento imaginativo — para um conjunto

cada vez menor de opções *viáveis*, os cursos de ação que são realmente viáveis dados os recursos disponíveis.

- Ao *tomar a decisão*, os critérios de sucesso escolhidos (o produto da função de *avaliação* da mente) entram em cena. É útil classificar esses critérios de acordo com o curso de ação proposto PRECISA, DEVE e PODE. Você também precisará avaliar os *riscos* envolvidos: quais são as possíveis consequências *manifestas* e as *latentes* da decisão em vista?
- *A implementação e a avaliação* da decisão devem ser vistas como parte do processo global. Você pode quase não notar o ponto de decisão real, assim como os passageiros de um navio podem estar dormindo quando a embarcação cruza a linha do Equador. O "ponto de corte", seja ele consciente ou inconsciente, é quando o pensamento termina — sua mente se decidiu — e você entra na fase de ação ou implementação. Porém, você ainda está avaliando a decisão, e até o momento do ponto sem retorno (*point of no return*) você sempre pode voltar atrás se os primeiros sinais indicarem isso.
- Se você tem todas as informações necessárias, a mente passa pelo ponto de decisão sem esforço — aliás, você realmente tem uma decisão para tomar? Assim, foi dito que "uma decisão é a ação que um executivo deve empreender quando dispõe de informações tão incompletas que a resposta não se sugere".

Não decidir é decidir.

Provérbio inglês

3
COMPARTILHANDO DECISÕES COM OUTROS

A questão-chave na liderança é até que ponto o líder designado (nomeado ou eleito) deve compartilhar decisões com outros — membros de equipe ou colegas. É claro que esta é também uma questão para todos nós — até que ponto devemos tomar as nossas decisões depois de um pensamento solitário e silencioso ou até onde devemos consultar os outros?

SEU PAPEL COMO LÍDER

Antes de olhar em conjunto para o aspecto de tomada de decisão da liderança, deixe-me colocá-lo em contexto, lembrando-lhe o papel genérico do líder — verdadeiro para todos os campos de trabalho e todos os níveis de liderança.

Se você olhar atentamente para assuntos envolvendo liderança, há sempre três elementos ou variáveis (figura 3.1).

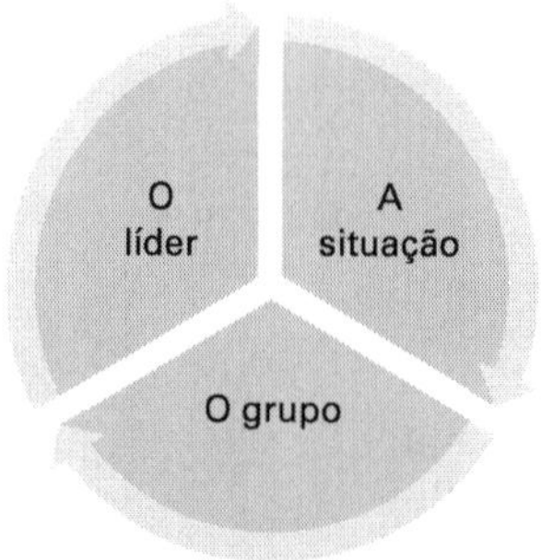

Figura 3.1 ***As três variáveis da liderança***

Como mostrado na figura 3.1, há o líder (com suas qualidades de personalidade e caráter), mas há a situação, em parte constante, em parte variável, e depois o grupo, com suas necessidades e valores. De fato, os grupos de trabalho são sempre diferentes, tal como os indivíduos. Depois de se unirem, eles logo desenvolvem uma *personalidade de grupo*. Assim, o que funciona em um grupo pode não funcionar em outro. Todos os grupos e organizações são únicos.

No entanto, isso é apenas metade da verdade. A outra metade é que os grupos de trabalho — como indivíduos — têm certas necessidades em comum. Há três áreas de sobreposição de necessidades que são centralmente importantes, como ilustrado na figura 3.2.

Figura 3.2 ***Necessidades de sobreposição***

Dica

É melhor não fazer suposições quando se é novo em um grupo de trabalho. As necessidades individuais e do grupo são sempre complexas e levam tempo para serem compreendidas.

NECESSIDADE DA TAREFA

Grupos de trabalho e organizações existem porque há uma tarefa a ser feita que é muito grande para uma pessoa só. Você pode escalar uma colina ou uma pequena montanha sozinho, mas não o Monte Everest — precisa de uma equipe para isso.

Por que chamar isso de necessidade? Porque a pressão constrói uma força-tarefa para realizar o desafio comum. As pessoas podem sentir-se muito frustradas se forem impedidas de realizar isso.

NECESSIDADE DE MANUTENÇÃO DA EQUIPE

A necessidade de manutenção não é tão fácil de perceber quanto a necessidade da tarefa; como em um iceberg, grande parte da vida de qualquer grupo está abaixo da superfície. A distinção entre o fato de que a tarefa precisa de coisas e o de que a manutenção da equipe envolve pessoas não ajuda muito.

Mais uma vez, é melhor pensar em grupos que são ameaçados de fora, por forças que visam a sua desintegração, ou de dentro, por pessoas ou ideias perturbadoras. Podemos então ver como eles dão prioridade à sua própria manutenção contra essas pressões externas ou internas, mostrando, por vezes, grande ingenuidade no processo. Muitas das regras escritas ou não escritas do grupo destinam-se a promover esta unidade e a manter a coesão a todo custo. Aqueles que balançam o barco ou infringem os padrões do grupo e o equilíbrio corporativo podem esperar reações que variam de indulgência amigável a raiva pura e simples. Instintivamente, existe um sentimento comum de que "juntos resistimos, separados perdemos", de que as boas relações, desejáveis em si mesmas, são também um meio essencial para alcançar o fim comum. Eu chamo essa necessidade de criar e promover a coesão do grupo de necessidade de *manutenção da equipe*. Afinal, todos sabemos o que é uma equipe.

NECESSIDADES INDIVIDUAIS

Terceiro, os indivíduos trazem para o grupo as suas próprias necessidades.

Necessidades físicas:

- Comida.
- Abrigo.

Hoje em dia, elas são, em grande parte, atendidas com pagamento de salários.

Necessidades psicológicas:

- Reconhecimento.
- Uma sensação de fazer algo que valha a pena.
- Status.

Há também necessidades mais profundas de dar e receber de outras pessoas no contexto de trabalho.

> **Dica**
>
> Para ajudá-lo a considerar as necessidades de um indivíduo, simplesmente coloque-se no lugar dele e pense cuidadosamente sobre como você se sentiria se fosse essa pessoa.

Essas necessidades individuais são, talvez, mais profundas do que algumas vezes percebemos. Elas nascem das profundezas da nossa vida comum como seres humanos. Podem atrair-nos ou repelir-nos de qualquer grupo. Subjacente a todas elas está o fato de que as pessoas precisam umas das outras não apenas para sobreviver, mas para alcançar e desenvolver a personalidade.

OS TRÊS CÍRCULOS INTERAGEM

Essas três áreas de necessidade se sobrepõem e se influenciam mutuamente. Se a tarefa comum for cumprida, por exemplo, isso tende a estabelecer a equipe e satisfazer as necessidades humanas pessoais dos indivíduos. Se houver uma falta de coesão no círculo da equipe — uma falha na manutenção da equipe —, então o desempenho na área de tarefas será claramente prejudicado e a satisfação dos membros individuais será reduzida. Assim como na figura 3.2, podemos visualizar as necessidades presentes nos grupos de trabalho como três círculos sobrepostos.

Hoje em dia, quando mostro o modelo em um slide de retroprojetor, costumo colorir os círculos de vermelho, azul e verde, pois a luz (não o pigmento) refrata nessas três cores primárias. É uma forma de sugerir que os três círculos formam um modelo universal. Não importa a sua área, em qualquer nível de liderança — líder de equipe, líder operacional ou líder estratégico — há três coisas em que você deve sempre estar pensando:

- Tarefa.
- Equipe.
- Indivíduo.

> **Dica**
>
> Tente entender a liderança como uma atividade centrada no outro — e não como uma atividade egocêntrica.

O modelo dos três círculos é simples, mas não simplista ou superficial. Tendo em conta essas três cores primárias, podemos fazer uma analogia com o que está acontecendo quando vemos um programa de televisão: as imagens coloridas em movimento são compostas por pontos das três cores primárias e (nas áreas sobrepostas) três cores secundárias. É somente quando você se afasta do quadro complexo da vida no trabalho que começa a ver a imagem subjacente dos três círculos. É claro que nem sempre são tão equilibrados e claros como o modelo sugere, mas, ainda assim, estão lá.

Exercício

Miguel teve o prazer de ser promovido a um novo cargo de liderança em um departamento na agência de marketing digital em que trabalhava. Ele já havia sido gerente de uma pequena equipe, mas a nova função lhe deu responsabilidade pela liderança de uma equipe maior e de um mandato mais amplo, incluindo uma nova parcela crítica de trabalho com prazos desafiadores a serem cumpridos. Ele sabia que iria, por vezes, pedir à sua equipe para se esforçar além do limite.

Miguel teve o cuidado de conhecer todos os membros de sua equipe e entender o trabalho que eles faziam. Ele passou momentos com cada um dos indivíduos. Ficou impressionado com o compromisso deles, especialmente em ver como trabalhavam até tarde, ocasionalmente, para concluir o trabalho e cumprir os prazos.

Miguel então olhou para as práticas de trabalho do departamento e ficou surpreso ao saber que o gerente anterior não era rígido em relação aos horários de início/ final dos turnos do grupo e que uma abordagem informal de "horário flexível" era implementada. Preocupado com a situação, com a carga de trabalho que sabia que estava por vir, Miguel disse à equipe que esperava que todos estivessem em suas mesas às nove horas da manhã para que não perdessem tempo valioso no início do dia. Ele lhes contou o quanto deveriam estar ocupados nas próximas semanas. Miguel sempre esteve em sua mesa às nove horas da manhã e acreditava firmemente no conceito de "Deus ajuda quem cedo madruga".

À medida que o primeiro prazo crítico de negócios se aproximava, Miguel observou que, enquanto sua política de início do turno às nove horas estava sendo cumprida, vários membros da equipe não estavam dispostos a trabalhar além do horário de término acordado e, como resultado, a capacidade da equipe de cumprir os prazos estava sob ameaça.

Como líder, Miguel considerou a situação e o grupo ou suas prioridades pesaram mais em relação um do que ao outro? Embora ele parecesse entender a necessidade da tarefa, ele atendeu às necessidades de manutenção da equipe e às necessidades individuais enquanto estabelecia medidas para completar a tarefa?

AS FUNÇÕES DE LIDERANÇA

Como tudo isso se relaciona com liderança? Simples: para alcançar a tarefa comum e manter o trabalho em equipe, é necessário realizar determinadas *funções*. Uma função é o que você *faz*, em oposição a uma qualidade, que é um aspecto do que você é. Por exemplo, alguém tem que definir os objetivos, elaborar um plano ou manter a equipe unida se ela for ameaçada por forças perturbadoras.

Agora, estamos em terreno conhecido, pois você pode aprender a fornecer as funções de liderança que são exigidas pelas necessidades da tarefa, da equipe e individuais. Essa é a porta de entrada para uma liderança eficaz. A abordagem funcional aqui apresentada é também por vezes designada por *liderança centrada na ação*. A função é um elemento de um grupo de ações relacionadas que contribuem para o desenvolvimento ou manutenção, assim como cada parte do corpo tem a sua função em relação ao todo. Ela vem de uma palavra latina que significa *performance*. Às vezes é usada mais amplamente para significar o que eu tenho chamado de *papel* — o tipo especial de atividade própria de um cargo profissional. Na figura 3.3 enumerei as principais funções que são necessárias para que a tarefa seja realizada, a equipe se mantenha unida e as necessidades dos indivíduos sejam atendidas.

Não se deve supor que um líder tem que desempenhar todas essas funções sozinho. De fato, em grupos de mais de cinco indivíduos, há contribuições ou atividades funcionais demais para que uma pessoa as realize sozinha. As funções têm que ser compartilhadas e, por vezes — no todo ou em parte —, delegadas. Ou, dito de outra forma, todos os membros da equipe são responsáveis (mesmo que não legalmente) pelos três círculos. A diferença entre um membro eficaz da equipe e um líder eficaz não é grande; é mais um papel do que um compromisso com os três círculos ou uma habilidade para atender às necessidades comuns.

Obviamente, a tomada de decisões será, potencialmente, um ingrediente em todos os domínios funcionais. *O planejamento* é um bom exemplo. Planejar significa construir uma ponte mental que leva de onde você está agora para onde você quer estar quando tiver alcançado seu objetivo. A função de planejamento atende à necessidade do grupo de realizar a sua tarefa respondendo à pergunta *como*. Mas a pergunta "como" logo leva a "Quando isso ou aquilo tem que acontecer?" e "Quem faz o quê?".

Do ponto de vista da liderança, a questão-chave é até que ponto você mesmo deve traçar o plano e até que ponto deve compartilhar a função de planejamento com sua equipe. Vamos ver as opções.

Há muitas vantagens em se mover o mais longe para a extremidade direita do continuum que for possível (veja a figura 3.4). *Quanto mais as pessoas compartilham decisões que afetam suas vidas profissionais, mais são motivadas a concluí-las.* Essa consideração, porém, tem que ser contrabalançada com o fato de que quanto mais se abre a porta para a tomada de decisão, menos controle se tem sobre o resultado. A equipe pode traçar um plano que, apesar de atender aos requisitos que você identificou, não se assemelha à maneira como você lidaria com a situação. Você consegue lidar com isso?

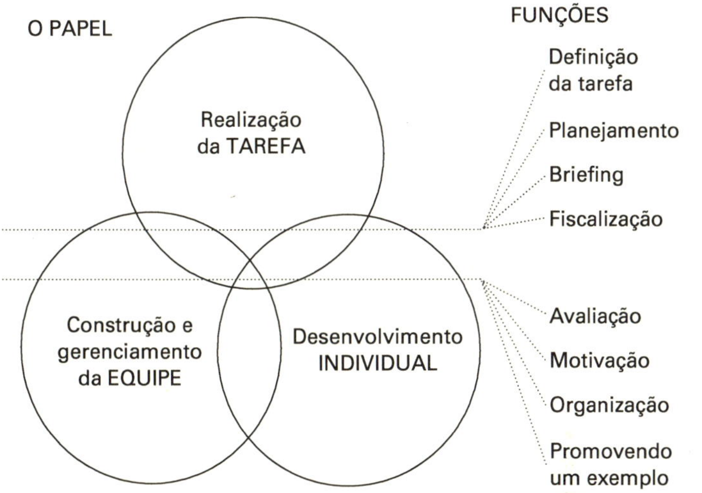

Figura 3.3 *Funções de liderança*

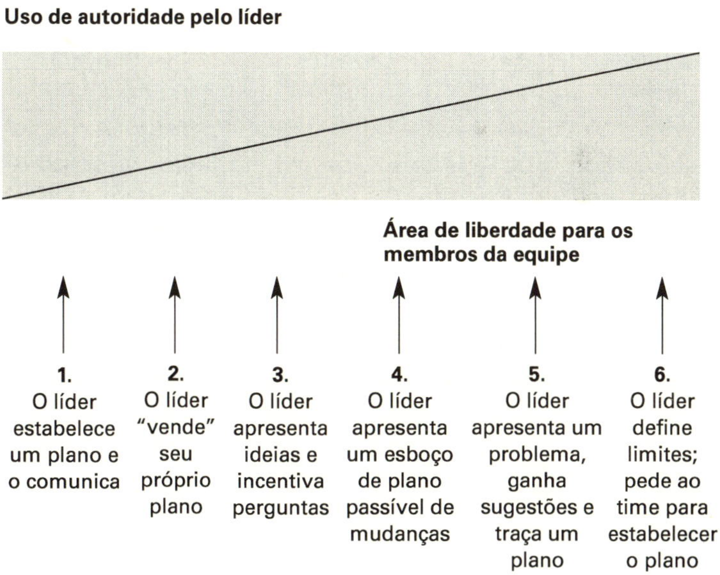

Figura 3.4 *O continuum do planejamento*

Dica

Antes de planejar uma tarefa, considere o continuum do planejamento e o impacto de quanto, muito ou pouco, você envolve sua equipe e, em seguida, tome uma decisão ativa.

Onde você deve agir dentro do continuum do planejamento depende de vários fatores-chave, levando em consideração *o tempo disponível para planejar* e *o nível de competência dos membros da equipe*. Não há nenhum "estilo" certo. Os melhores líderes são consistentes — sabem que têm a consideração da equipe e são, em muitos aspectos, previsíveis. Porém, quando se trata de tomar decisões, são infinitamente flexíveis. Assim, um bom líder, trabalhando com indivíduos ou equipes, vai operar em diferentes pontos da escala durante um mesmo dia.

Uma vez iniciado o trabalho sobre o plano, pode ser necessário rever ou adaptá-lo de acordo com as circunstâncias ou condições. Outra vez, você deve seguir um caminho intermediário entre a necessidade perene de flexibilidade à medida que a mudança se desenrola e uma certa persistência ou tenacidade em manter o plano. Certamente, permitir mudanças desnecessárias em excesso no plano pode gerar confusão. Como diz o provérbio militar, *Ordem — contraordem — desordem*.

Dica

Ao considerar mudar um planejamento, você precisa pensar sobre o impacto de sua decisão. Você pode usar a ferramenta Impacto de decisão, fornecida no apêndice, para ajudá-lo.

Exercício

Você consegue pensar em um momento em que um gestor de linha lhe pediu para fazer alguma coisa, depois mudou de ideia e depois mudou novamente? Como se sentiu? Isso teve algum impacto na equipe como um todo?

Lembre-se sempre de que todos os que trabalham para você têm 10 bilhões de células cerebrais. Se o tempo permitir, vale sempre a pena ouvir as pessoas. Você será constantemente surpreendido com a qualidade do pensamento e das ideias disponíveis.

> Quando a Fort Dunlop foi adquirida pela Sumitomo, a administração japonesa pediu à força de trabalho ideias para poupar dinheiro. Um funcionário júnior poupou à empresa 100 mil libras por ano em eletricidade, sugerindo que algumas luzes fluorescentes na enorme fábrica não precisavam ser usadas — uma ideia que ele tinha há anos!

Na verdade, você deve desenvolver o hábito de ouvir ideias, seja com determinada decisão em mente ou como uma estratégia mais ampla. Existem muitas ideias para aqueles que estão prontos a recebê-las. O grande líder empresarial Roy Thomson capitalizou parte dessa riqueza potencial:

> Do meu ponto de vista, todas as pessoas têm uma ideia e uma em cada dúzia delas deve ser uma boa ideia. Se você tiver que conversar com uma dúzia de pessoas para ter uma boa ideia, mesmo que seja apenas o vislumbre de uma ideia, não será um desperdício de trabalho. As pessoas estão continuamente me comunicando coisas, porque eu mostrei a elas que estava interessado, e poderia até mesmo pagar por isso! Às vezes, quando menos se espera, surge uma ideia de ouro.

Em resumo, o grau em que você, como líder, pode compartilhar decisões difere de acordo com fatores como a situação — especialmente o tempo disponível — e o conhecimento relativo e relevante dos membros da equipe. Na verdade, decidir quando tomar uma decisão sobre um continuum que tem *controle* em uma extremidade e *liberdade* na outra é em si uma decisão importante quando se trabalha com outros. A seguir, estão algumas perguntas que você deve fazer a si mesmo.

Dica

Ao avaliar a eficiência de seu plano, certifique-se que as perguntas "O quê?", "Por quê?", "Quando?", "Como?", "Onde?" e "Quem?" sejam respondidas. Caso não estejam, mais trabalho pode ser necessário.

Checklist

	Sim	Não
Você já estabeleceu as metas e os objetivos com a equipe?	☐	☐
Você envolveu a equipe na coleta e na análise das informações relevantes?	☐	☐
A equipe ajudou-o a gerar um número de possíveis cursos de ação?	☐	☐
Você já aproveitou a sinergia dos membros da equipe para estabelecer as opções viáveis?	☐	☐
Você já testou o consenso para ver até que ponto, nas circunstâncias, o curso da ação que você prefere é visto como melhor?	☐	☐
Você garantiu o engajamento de todos para que funcione?	☐	☐
Você já revisou a decisão com a equipe para que as lições de sucesso e fracasso sejam aprendidas para o futuro?	☐	☐

Resumo dos pontos

- Pensar é, ao mesmo tempo, solitário e social. Temos de pensar por nós mesmos — e arranjar tempo para isso. Porém, também precisamos falar com os outros e ouvi-los, para estimular e encorajar novas perspectivas e novas ideias. A conversação no seu melhor é uma forma de pensamento mútuo.
- O papel de um líder é definido pelos três círculos de necessidade — tarefa, equipe e indivíduo — e pelo conjunto de funções de resposta. A comunicação e a tomada de decisões são dimensões complementares. Uma questão fundamental para todos os líderes é até que ponto eles devem compartilhar decisões com sua equipe ou seus colegas.
- Quanto mais você compartilhar decisões, maior será a qualidade da decisão. Além disso, quanto mais as pessoas compartilham decisões que afetam diretamente suas vidas profissionais, mais tendem a ser motivadas a implementá-las. No entanto, a exigência da situação — escassez de tempo e fator de crise — restringe, por vezes, a possibilidade de a decisão ser compartilhada. Também é preciso lembrar que quanto mais você compartilha uma decisão, menos controle tem sobre a qualidade e a direção da decisão resultante. Então é preciso que isso seja ponderado.
- Quando o processo de tomada de decisão terminar, ainda será necessário tomar a decisão.
- Fora dos limites da tomada de determinada decisão, você deve estar sempre aberto às ideias, sugestões e informações que as pessoas lhe oferecem. Quanto mais você mostrar interesse, mais as pessoas compartilharão com você. Dez por cento das ideias delas valem ouro.

Três sapateiros com suas inteligências combinadas são iguais a *Zhage Liag, mestre da mente.*

Provérbio chinês

4

Principais estratégias de resolução de problemas

A tomada de decisões, a resolução de problemas e o pensamento criativo têm em comum o fato de serem formas de pensamento eficaz, mas apresentam algumas distinções. Você pode, por exemplo, pensar criativamente, no sentido de ter uma ideia original, sem tomar uma decisão ou resolver um problema. Neste capítulo, o foco principal é a resolução de problemas.

COMO OS PROBLEMAS DIFEREM DAS DECISÕES

O que é um problema? Um "problema" é "algo atirado à sua frente" — outra dessas palavras de origem grega, e está relacionada ao termo "balística". Originalmente, o que era jogado ou colocado na frente de alguém pelos professores gregos era um tipo de quebra-cabeça ou pergunta como os que você encontrou no primeiro capítulo: "Os nove pontos", "Os seis palitos de fósforo" e "Quem é o dono da zebra?". (Aliás, a sua Mente Profunda já encontrou as soluções — ou soluções extras — para os dois primeiros?)

Você notará que em problemas como esses, todos os elementos da solução já estão lá. Tudo o que você tem que fazer é organizar ou reorganizar o que lhe foi dado. Nesse sentido, um problema é uma solução disfarçada.

Como resultado da resolução de tais problemas, sua vida não mudará. Em oposição, uma decisão geralmente significa que sua vida será diferente. Ela abre o caminho para mudanças de algum tipo. Algumas dessas mudanças são planejadas, desejadas, esperadas ou, pelo menos, previstas (as consequências manifestas), enquanto outras não são. Porém, resolver ou não resolver um quebra-cabeças não vai mudar sua vida de forma alguma.

Dica

Ter perspectiva é importante para a tomada de decisões e para a resolução de problemas. Talvez valha a pena considerar se a quantidade de pensamento e energia que você gasta para tomar uma decisão ou resolver um problema é proporcional ao impacto de qualquer consequência.

Em relação a isso, esses problemas são semelhantes aos jogos — na verdade, os jogos são conjuntos de problemas. Afinal, por que os inventamos? Porque não há nada que os humanos gostem mais do que resolver problemas. As habilidades de um solucionador de problemas, neste sentido limitado, no entanto, diferem das de um tomador de decisão. Como um solucionador de problemas, você deve ser inteligente, com habilidades analíticas bem aperfeiçoadas em muitos outros problemas nesse campo particular. Em contrapartida, um decisor precisa de um leque muito mais vasto de competências e características.

Quando nos afastamos dos quebra-cabeças e jogos, os problemas que enfrentamos na vida real são sobretudo obstáculos colocados à nossa frente. Se decidir escalar o Monte Everest, por exemplo, poderá descobrir que tudo corre bem até que — um dia antes da sua última subida — uma forte tempestade se forma rapidamente no colo sul, o trajeto que conduz ao cume. Há um problema! Repare que não teria esse problema específico — ou qualquer problema — no Everest a menos que tivesse tomado a decisão de subir até o topo. Não é um problema para mais ninguém, e deixaria de ser um problema para você se mudasse de ideia e decidisse escalar alguma outra montanha nos Himalaias.

Portanto, problemas como obstáculos ou dificuldades no caminho à nossa frente são sempre secundários em relação aos resultados da tomada de decisão. As decisões criam problemas. Uma maneira de resolvê-los — ou melhor, o estado do problema em sua mente — é alterar sua decisão, ou pelo menos seu plano. Você teria um plano de contingência — um Plano B — para sua rota de subida da montanha se o tempo se deteriorasse ou ocorressem avalanches (inesperadas nesta época do ano)?

Então, se você mantiver sua decisão, em consulta à sua equipe, será necessário encontrar uma maneira de superar o problema. Porque a estrutura mental que você deve usar é tão semelhante ao processo de tomada de decisão que é possível encontrar um único modelo para cobrir ambos.

> **Dica**
>
> Quando você toma uma decisão, pode ser interessante considerar um plano B antes de implementá-la. Pode ser muito mais fácil ter um plano B ao qual recorrer do que tentar conceber um sob pressão.

UM MODELO UNIFICADO PARA A TOMADA DE DECISÃO E A RESOLUÇÃO DE PROBLEMAS

Se você está tentando atravessar um riacho, vai pular de rocha em rocha, ziguezagueando seu caminho até a margem oposta. É como pensar dentro de sua cabeça — trata-se de uma atividade desorganizada, mas propositada. Porém, quando você tem que fazer uma equipe atravessar um rio metafórico, precisa ser capaz de construir uma ponte simples, para que todos saibam onde se encontram na discussão de tomada de decisão/ resolução de problemas.

Você pode ver na figura 4.1 que as habilidades necessárias, conforme uma fase se funde com a próxima, mudam. Uma nova função com sua família de habilidades mais específicas entra em jogo. O modelo é útil tanto para a sua equipe como para você. Isso pode ajudar todos a manterem o ritmo.

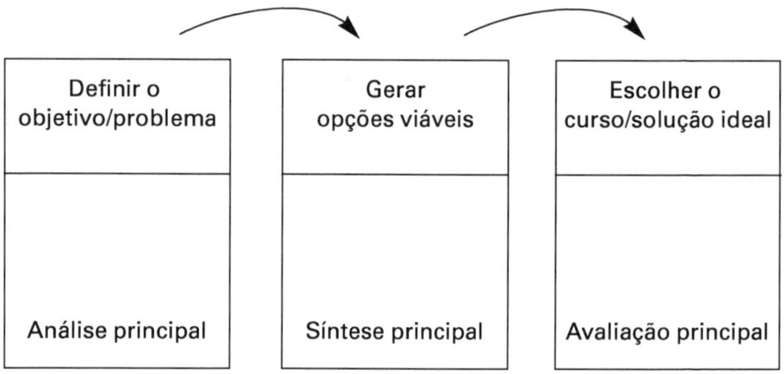

Figura 4.1 ***O modelo de ponte***

FAZENDO AS PERGUNTAS CERTAS

Uma habilidade-chave, tanto quando você está pensando em algo por si mesmo como quando está liderando ou participando de um time, é *fazer as perguntas certas*. As perguntas são as chaves que desbloqueiam a mente. Aqui estão os tipos de perguntas que você deve fazer a si mesmo — e aos outros.

COMPREENSÃO DO PROBLEMA

- Quando você reparou ou tomou consciência do problema ou da necessidade de uma decisão?

- Você definiu o problema ou objetivo em suas próprias palavras? (Lembre-se de que um problema bem definido já é metade da resolução.)
- Existem outras definições possíveis do problema que valham a pena considerar? Que soluções gerais elas sugerem?
- Está claro o que você está tentando fazer? Onde se encontra no momento e para onde quer ir?
- Você já identificou os fatores importantes e fatos marcantes? Você precisa dedicar mais tempo para obter mais informações? Você conhece políticas, regras, limitações e procedimentos relevantes?
- Você reduziu o problema aos seus termos mais simples sem o simplificar demais?

NA DIREÇÃO DA RESOLUÇÃO DO PROBLEMA

- Você verificou as suas principais suposições?
- De todos os cursos ou soluções possíveis, você identificou uma lista das soluções viáveis?
- Você consegue eliminar algumas delas para encurtar ainda mais a lista?
- Se nenhuma solução ou curso de ação parecer correto por si só, você pode sintetizar elementos em duas ou mais soluções para criar uma maneira eficaz de lidar com o problema?
- Você identificou claramente os critérios pelos quais as opções viáveis devem ser julgadas?
- Se você ainda se sente paralisado, consegue se imaginar no estágio final que quer chegar? Se sim, você pode trabalhar de trás para frente, do final para onde você está agora?
- Mais alguém enfrentou esse problema? Como o resolveram?

- Você usou toda a informação disponível?
- Verificou a solução de todos os ângulos?
- As consequências manifestas estão claras?
- Você tem um plano de implementação com datas ou horários de conclusão?
- O plano é realista?
- Você tem um plano de contingência se as coisas não funcionarem como esperado?
- Quando é que você e a sua equipe planejam rever a decisão à luz da experiência?

Dica

Uma habilidade-chave de pensamento para um solucionador de problemas eficaz é fazer as perguntas certas — para si mesmo, inicialmente, mas também para os outros.

Exercício

Aplique a lista de perguntas anterior a uma decisão tomada recentemente ou a um problema resolvido.

Você teria sido capaz de responder a todas essas perguntas antes de tomar a decisão ou resolver o problema?

Se há alguma pergunta que não teria sido capaz de responder naquele momento, teria feito diferença se você tivesse tido tempo para respondê-la antes de tomar a sua decisão ou resolver o problema?

Essa lista de perguntas consta no apêndice. Faça essas perguntas da próxima vez que tiver uma decisão a tomar ou um problema a resolver.

Você pode se sentir bastante sobrecarregado por essa longa lista de perguntas, mas não precisa recorrer a elas todas as vezes que estiver envolvido em tomada de decisões ou na solução de problemas, pois algumas já terão respostas claras. O que você deve desenvolver são três níveis de competência:

- *Consciência* dos problemas ou da necessidade de decisões — reais ou potenciais. Fique atento para que não seja pego de surpresa.
- *Compreensão* de onde você e a equipe estão em relação ao problema ou decisão. Em que fase do Modelo de Ponte (veja figura 4.1) você está? É necessário trabalhar mais a análise da informação e a definição do problema ou decisão? Ou você está no momento de gerar opções viáveis?
- *Habilidade* em fazer as perguntas certas para as pessoas certas no momento certo e ser capaz de testar as respostas pelo seu nível de verdade. A ação baseada na verdade é muito mais provável de ser eficaz do que a ação baseada em uma percepção defeituosa da realidade.

Dica

Para evitar se sentir sobrecarregado, lembre-se de que você tem as habilidades analíticas para solucionar qualquer problema, e trabalhar com essas perguntas passo a passo é uma ótima maneira de fazer isso.

Pode parecer um trabalho árduo; lembre-se das palavras de Roy Thomson sobre "pensar até doer" e "este trabalho árduo e cansativo". Sim, é isso mesmo — mas esse processo também é muito divertido. É disso que se trata a vida! Repito: não há nada mais satisfatório do que ser confrontado com um desafio mental e superá-lo. Quanto mais difícil o problema, maior a euforia que você e sua equipe vão sentir ao superá-lo. Por isso, aproveitem a tomada de decisões e a resolução de problemas. Quanto mais você gostar de algo, mais vai querer fazê-lo — e melhor você vai ficar.

COMO ABORDAR PROBLEMAS DE SISTEMA

Os problemas de tipo obstáculos representam 80% dos problemas que os líderes encontram, mas você também deve estar ciente dos problemas de sistemas — os outros 20%. Se você é um especialista técnico, é claro, essas proporções são revertidas e a maior parte do seu tempo de trabalho será gasto em problemas de sistemas.

Um sistema é um todo constituído por partes integradas. Pode ser orgânico (seu corpo), mecânico (o motor do seu carro), ou um processo (seu sistema para faturamento de clientes). Um problema de sistema é essencialmente um desvio da norma. Podemos representá-lo visualmente com duas linhas (veja figura 4.2). Quanto maior a diferença entre o desempenho normal (como o sistema deve funcionar) e o desempenho ativo (o que está realmente acontecendo), maior o problema.

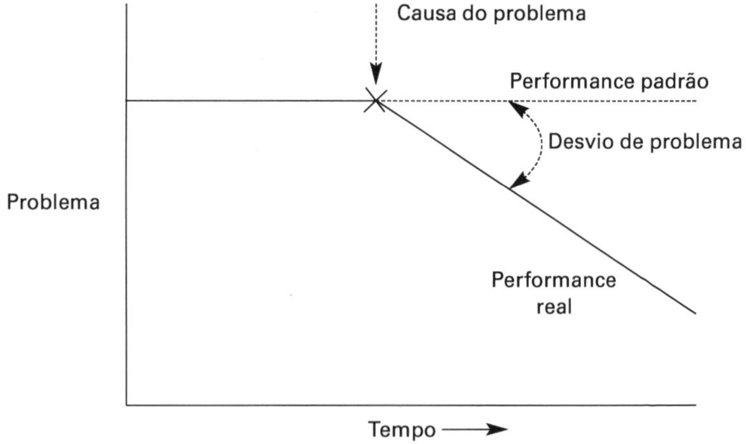

Figura 4.2 ***Problemas nos sistemas***

Exercício

Você pode encaixar um problema atual ou recente no gráfico da Figura 4.2?

A principal estratégia nos problemas de sistemas é encontrar o ponto de desvio e depois determinar o que o causou. O primeiro objetivo é estabelecer a hora e o local exatos desse desvio crítico. Estas são as perguntas que devem ser feitas:

- O que aconteceu?
- Quando?
- Quanto?
- Quem foi afetado?
- Quem o viu?

E assim por diante. Repare novamente que a habilidade-chave de fazer as missões certas está em ação, concentrando-se no ponto de desvio no diagrama.

Exercício
A fórmula das seis perguntas

Escolha qualquer problema de sistema que esteja enfrentando e pratique suas habilidades de perguntas — Quem? O quê? Onde? Quando? Por quê? Como? Veja se consegue identificar o desvio do funcionamento normal do sistema em questão.

Depois de ter feito isso, liste as possíveis causas. Então comece a eliminar as causas menos relevantes. Restarão duas ou três alternativas.

Problema de sistemas:	
	Notas
Quem?	
O quê?	
Onde?	
Quando?	
Por quê?	
Como?	
Ponto de desvio da norma?	
Causa	

Se você não consegue pensar em um problema real de sistema, use o exemplo da Plastec Ltda., a seguir.

Essa tabela foi incluída no apêndice para que você possa copiar.

Ao estabelecer quando e onde o desvio ocorreu, você pode identificar a causa ou as causas. Somente enfrentando essas questões é que se pode realmente resolver um problema de sistemas. Trate as causas, não os sintomas, se for possível fazê-lo.

A Plastec Ltda. — uma empresa que fabrica recipientes de plástico — descobriu que uma porcentagem crescente da sua produção estava rachando. Um grupo estudou detalhadamente o processo de fabricação e acabou por definir os pontos de desvio: uma mudança de fornecedor e uma falha na limpeza de algumas cubas de armazenagem. O novo fornecedor utilizou inadvertidamente essas cubas de armazenagem, por isso o plástico ficou contaminado. Uma vez identificadas as causas, os sistemas foram alterados para evitar qualquer repetição, e o problema não aconteceu novamente.

Dica

Cuidado com a falácia da causa única. Em problemas relativamente simples, há apenas uma causa, mas, em problemas mais complexos, duas ou três causas podem estar se combinando para produzir o efeito indesejado.

No estudo de caso da Plastec Ltda., você pode notar que foi a combinação de duas mudanças de padrão — um novo fornecedor e procedimentos de limpeza pobre — que produziu o problema.

Resumo dos pontos

- Os problemas surgem em duas formas principais:
  - Problemas que são realmente obstáculos que aparecem no caminho que foi escolhido.
  - Problemas de sistemas.
- A abordagem ampla para ambos os tipos de problemas e para a tomada de decisões é a mesma. Pode ser comparada à construção de uma ponte sobre um rio em três pilares:
  - Definição do problema.

- Geração de opções viáveis.
- Escolha do melhor curso/ solução.

- Uma habilidade-chave de pensamento para um solucionador de problemas eficaz é fazer as perguntas certas — inicialmente para si mesmo, mas também para os outros. As perguntas são as chaves que desbloqueiam o problema na mente, ou pelo menos os portões de entrada que levam até ele. "Agir é fácil", disse Goethe, "pensar é difícil".
- Os problemas de sistemas são melhor abordados considerando-os como desvios de uma norma esperada. O diagnóstico inclui identificar e estabelecer a natureza exata desse desvio e o que o causou. A solução — se possível — é remover a causa do problema. Uma estratégia secundária a ser usada quando a "cura" não é possível é mitigar os efeitos do problema no desempenho do sistema como um todo.
- As pessoas que são boas com martelos veem cada problema como um prego.

Nunca devemos impor as nossas opiniões sobre um problema; devemos antes estudá-lo e, com o tempo, uma solução se revelará.

Albert Einstein

5
Como gerar ideias

Sugerir novas questões, novas possibilidades, considerar problemas antigos a partir de um novo ângulo, requer imaginação criativa.
Albert Einstein

Quando você estiver preso em solucionar problemas — isto é, quando as técnicas que você aplicou com sucesso no passado não estão funcionando —, tente uma abordagem de pensamento mais criativa. Você pode estar tentando cavar o mesmo buraco mais fundo, preocupando-se com seu problema como um cachorro terrier, quando talvez devesse estar cavando seu buraco em outro lugar.

BRAINSTORMING

A técnica de pensamento criativo mais conhecida e mais amplamente utilizada é o brainstorming. Ela foi introduzida na década de 1930, por isso já existe há muito tempo — um sinal da sua utilidade. Você pode empregar seus princípios quando está pensando sozinho, mas eles funcionam melhor em um ambiente de equipe.

Aqui estão algumas coisas para recordar quando se faz um brainstorming:

- **Não ignore o óbvio!**
  A solução óbvia é, por vezes, a melhor. De qualquer forma, pode não ser óbvio para todos; e pode ser possível transformar uma ideia óbvia em algo não tão óbvio.
- **Não tenha medo da repetição!**
  Acusar alguém de ser repetitivo é uma forma de crítica adversa e deve ser evitada. A mesma ideia pode desencadear uma resposta diferente em um momento diferente de brainstorming.

Imagine o clipe de papel como exemplo. Em cinco minutos, um brainstormer inventou os seguintes novos usos.

Limpador de cano	Fio de fusível
Prendedor de gravata	Abridor de cartas
Removedor de cera de ouvido	Lançador de míssil
Gancho para fotografias	Palito de dente
Perfurador de buracos	Abotoadura
Chave de fenda	Ornamento
Anzol	Limpador de teclado
Emendador de sutiã	Redutor de tensão (como *worry beads*)
Puxador de zíper	

Espero que consiga fazer ainda melhor do que isso! Está pronto para experimentar? Primeiro, olhe as orientações.

Exercício
Habilidades de brainstorming

Pegue uma tesoura e liste cinquenta novas utilizações para ela — além de cortar coisas.

Você tem dez minutos. Escreva as suas ideias e, se não conseguir, volte e desenvolva as dez primeiras.

DIRETRIZES PARA O BRAINSTORMING

Acabe com o julgamento:	Dê luz verde à imaginação ao reservar a avaliação crítica das ideias até mais tarde. Aceite ideias sem julgá-las.
Fique despreocupado:	Tire as amarras da sua mente e siga o fluxo das suas ideias. Quanto mais incomum for a ideia, melhor — é mais fácil moderar do que inventar.
Batalhe pela qualidade:	Quanto maior for o número de ostras, maior será a probabilidade de encontrar pérolas dentro delas.
Junte-se e cresça:	Ouça as ideias dos outros e veja se você pode construir sobre elas. Essas ideias iniciais podem estimular algumas memórias enterradas ou células cerebrais adormecidas em sua Mente Profunda.
Não edite:	Ideias não devem ser elaboradas ou defendidas, apenas rapidamente declaradas e registradas.

Uma das principais razões pelas quais o brainstorming é útil é porque ele nos ajuda a nos libertar da "fixação funcional". Temos uma ideia fixa, por exemplo, de que uma coisa tem apenas uma função e que é para isso que ela existe. Ao proibir o uso dessa função familiar (no caso das tesouras, a função de corte), a mente é liberada para considerar outras possibilidades. Com um pouco de adaptação, a tesoura seria um instrumento geométrico interessante.

Dica

Realizar uma sessão de "aquecimento" de brainstorming sobre um tópico não relacionado ao problema pode, muitas vezes, ajudar a entrar na mentalidade de pensamento criativo.

Pense na baioneta moderna do Exército Britânico. Você sabia que ela é engenhosamente projetada para combinar com sua bainha e formar um par de cortador de fio? Ou que tem uma terceira função (oficialmente!) incorporada — a de um abridor de garrafas?

A Pilkington Brothers Limited, no Reino Unido, teve um problema técnico... Durante a inspeção final das chapas de vidro, pequenos glóbulos de água foram identificados pela máquina de inspeção como falhas no vidro. Uma sessão de brainstorming produziu 29 ideias em menos de cinco minutos. Após pesquisa e desenvolvimento, três delas foram utilizadas no sistema, o que resolveu o problema.

A HJ Heinz nos EUA tinha um problema de marketing... A empresa queria obter material promocional de vendas para os consumidores mais rapidamente. Um brainstorming produziu 195 ideias. Após a avaliação, oito foram imediatamente utilizadas. Um membro da Heinz, ao falar sobre outra sessão de brainstorming, disse: "O brainstorming gerou ideias melhores e em maior quantidade do que o nosso comitê especial produziu em dez reuniões."

O princípio essencial por detrás do brainstorming é simples. Consulte o capítulo um e as três funções de análise, síntese e avaliação. O que o brainstorming ordena que você faça é uma divisão temporária e consciente entre sintetizar por um lado e valorizar por outro — pois muito do nosso valor é negativo e prematuro, como uma geada fora de época que mata os botões da primavera. Como Jean-Paul Sartre disse, "As críticas muitas vezes tiram de uma vez as lagartas e os botões das árvores". A suspensão de julgamento do brainstorming é um convite ao exercício de alguma disciplina mental interior. Analisar e valorizar têm o seu tempo e lugar, mas a sua imaginação tem asas — deixe-a voar livremente!

Dica

Foi relatado que as organizações do Vale do Silício usam um método chamado "*five minute favour*", o que significa que qualquer pessoa pode sugerir uma ideia e, se forem feitos, apenas comentários positivos podem ser expressos por um total de cinco minutos após a sua sugestão. Talvez queira tentar essa abordagem com a sua equipe.

COMO REALIZAR UMA SESSÃO DE BRAINSTORMING

Até dez pessoas devem estar envolvidas. Algumas podem ter conhecimento sobre o assunto, outras não — uma mistura de ambos é desejável. Elas devem, idealmente, terem sido treinadas na técnica do brainstorming antes da reunião. Quando dirigir a sessão:

- Defina o problema (usando suas habilidades analíticas e de briefing).
- Ajude as pessoas a compreenderem o problema, destacando as informações iniciais e a história geral.

- Esclareça o objetivo em uma frase sucinta: "De quantas maneiras podemos...?"
- Faça uma breve sessão de aquecimento, usando um problema ou objeto comum.
- Faça um brainstorm de setenta ideias em vinte minutos, ou algo similar. Uma pessoa deve escrever as ideias em um flipchart ou atualizar um documento compartilhado, conforme apropriado. Dê tempo para uma reflexão silenciosa. Verifique se não são feitas observações críticas. Incentive o intercâmbio de ideias.
- Estabeleça critérios para selecionar as ideias viáveis. Escolha a melhor.
- Inverta o brainstorm: "De quantas maneiras esta ideia pode falhar?"

A melhor duração para uma sessão de brainstorming é cerca de quarenta minutos, mas você deve pedir aos participantes para continuarem considerando a probabilidade, para que possa receber mais sugestões. Lembre-se de que eles programaram suas Mentes Profundas na sessão de brainstorming, e outras ideias surgirão inesperadamente.

Dica

Lembre-se de que o brainstorming também pode ser realizado virtualmente, por meio de videoconferências, plataformas de mensagens, *webinars* etc.

Exercício

Use a tabela fornecida a seguir para planejar uma sessão de brainstorming. Consulte a lista de verificação posterior para ajudá-lo a planejar.

Tema do brainstorming
Duração proposta
Participantes
Definição do problema
Resumo das informações iniciais
Alvo
Sessão de aquecimento
Resultado esperado
Anotador designado

Este modelo está disponível no apêndice para ajudá-lo a planejar sessões futuras.

Uma importante empresa americana de quebra-cabeças realizou uma sessão de brainstorming para pensar em ideias para os novos jogos. Produziu algumas ideias dignas, mas nada de brilhante. Um mês depois, um dos participantes foi ver uma exposição dos tesouros de Tutancâmon em Washington, D.C. A máscara de ouro do faraó impressionou-o como uma grande ideia para um quebra-cabeça! Ele tinha razão — bateu todos os recordes de vendas de quebra-cabeças nos Estados Unidos.

Checklist de brainstorming eficaz

- Você usou suas habilidades analíticas e de briefing para definir o problema?
- Você ajudou as pessoas a entenderem o problema, destacando as informações primárias e a história geral?
- Esclareceu o objetivo em uma frase sucinta: "De quantas maneiras podemos...?"
- Você realizou uma breve sessão de aquecimento usando um problema ou objeto comum, como a atividade do clipe de papel que realizamos anteriormente?
- Estabeleceu um objetivo? Fez um brainstorming de setenta ideias em vinte minutos, por exemplo?
- Alguém escreveu e compartilhou notas em um flipchart ou documento coletivo etc.?
- Deu tempo para uma reflexão silenciosa?
- Você teve cuidado para evitar a negatividade e garantir que nenhuma crítica fosse feita?
- Você compartilhou ideias e encorajou seu intercâmbio?
- Você escolheu as melhores ideias usando critérios estabelecidos para selecionar ideias viáveis?

- Você incluiu técnicas de brainstorming reverso? Ou seja, perguntou: "De quantas maneiras essa ideia pode falhar?"

Uma cópia desse checklist está no apêndice. Use-a para avaliar o quão efetivas são suas sessões de brainstorming.

Resumo de pontos

- Ser criativo envolve o uso de imaginação ou ideias originais para criar algo. O pensamento criativo é a parte que produz as novas ideias.
- "É função das pessoas criativas", escreveu o poeta William Ploner, "perceber as relações entre pensamentos, coisas ou formas de expressão que podem parecer totalmente diferentes, e ser capazes de combiná-las em algumas novas formas — *o poder de conectar o aparentemente desconectado*".
- Brainstorming é uma técnica útil para gerar ideias, quer você as pratique sozinho ou em um contexto de equipe. A essência disso é construir uma parede temporária na mente que divida as funções de análise e sintetização de um lado e a função de valorização (crítica) de outro.
- As ideias raramente chegam a este mundo completamente formadas e embrulhadas para presente. Com um pouco de prática você pode aprender a *construir em cima de ideias*, pegando a essência do sucesso na ideia meio formada de outra pessoa e desenvolvendo-a à plenitude. Da mesma forma, permita que outros construam suas ideias para o bem comum. Só Deus possui os direitos de propriedade intelectual da verdade.
- "Começo onde o último homem parou", disse o inventor Thomas Edison.

- A criatividade é uma flor tão delicada que o louvor tende a fazê-la florescer, enquanto o desânimo frequentemente a corrói. *Qualquer um de nós lançará mais e melhores ideias se os nossos esforços forem apreciados.*

O pensamento criativo prospera em um ambiente de estimulação mútua, feedback e crítica construtiva — *numa comunidade de criatividade.*

Anônimo

6
Pensando fora da caixa

Embora valioso, o brainstorming é apenas uma introdução a um ou dois dos princípios fundamentais do pensamento criativo, não é o pensamento completo. Para desenvolver suas habilidades como um solucionador de problemas criativo, você precisa adotar e praticar as estratégias descritas a seguir.

PARA UMA ABORDAGEM MAIS CRIATIVA

O brainstorming desafia um tipo de suposição inconsciente, além da de que os martelos são para bater em pregos ou que as tesouras são para cortar. Porém, há outras formas de suposição inconsciente que podem inibir o seu pensamento.

Por exemplo, os problemas "Os nove pontos" e "Os seis palitos de fósforo", que apareceram no capítulo um. A razão pela qual muitas pessoas não conseguem concluir o primeiro problema é que elas colocam uma estrutura inconsciente ou invisível em torno dos pontos, e tentam resolver o problema dentro dela. Isso é impossível. No entanto, se você sair dessa limitação autoimposta, a solução para o problema é facilmente alcançada. (Ver a solução de "Os nove pontos" mais à frente.)

Aliás, eu publiquei o problema "Os nove pontos" pela primeira vez em 1969, em um livro chamado *Training for Decisions*. Ele é a origem de uma nova frase na língua inglesa, agora creditada a mim — *thinking outside the box*, ou *pensar fora da caixa*.

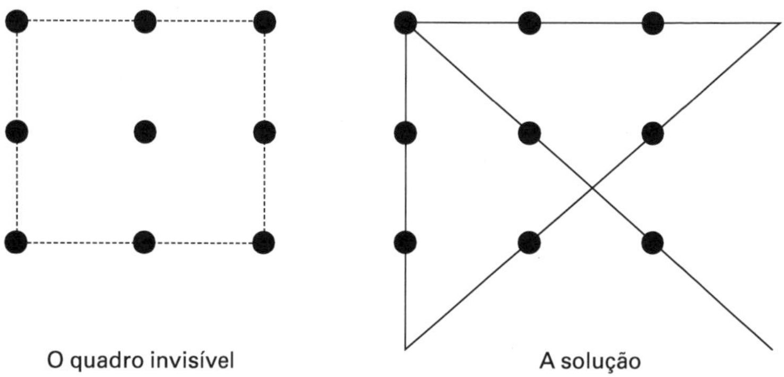

Figura 6.1 ***A solução de "Os nove pontos"***

Há uma suposição semelhante feita no segundo desafio. As pessoas *assumem* que devem organizar os seis palitos em um padrão de quatro triângulos equiláteros em um só plano. Se eles derem um pequeno passo para trás e se derem permissão para colocar os palitos em cima uns dos outros, podem chegar à primeira solução. Porém, se eles se libertarem da restrição bidimensional em três dimensões, alcançam a solução mais elegante.

Por favor, quero ser claro: você não pode pensar sem *fazer suposições*, mas elas devem ser conscientes, para que você possa se retirar quando elas se tornarem indefensáveis. As suposições que o fazem tropeçar são as inconscientes, restrições ou limitações das quais você não está ciente. Essa é uma das razões pelas quais o pensamento eficaz necessita de interação social. Precisamos de informações críticas dos outros para remover esses filtros dos nossos olhos.

Um diretor do departamento de marketing da empresa de eletrodomésticos Hoover, no Reino Unido, teve uma vez a brilhante ideia de introduzir um sistema promocional de "voos gratuitos" como incentivo à compra dos seus produtos. Foi uma decisão espetacularmente ruim. Cerca de duzentas mil pessoas voaram com o esquema, e isso custou à empresa por volta de 48 milhões de libras. Cerca de 127 pessoas procuraram compensação nos tribunais, processando a Hoover com um possível projeto de lei que custaria milhões de libras se tivessem sucesso. O presidente da Hoover Europe foi demitido do seu posto de 500 mil libras por ano, e os proprietários americanos rapidamente venderam a empresa por um preço muito baixo. Não é possível errar mais em uma decisão do que isso.

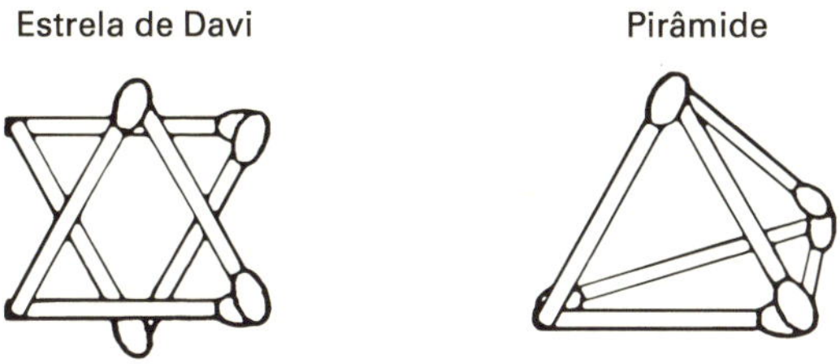

Figura 6.2 ***A solução de "Os seis palitos de fósforo"***

Por que esse fiasco aconteceu? Porque os gerentes da Hoover fizeram uma *falsa suposição*. Assumiram que, quando a maioria das pessoas comprasse os eletrodomésticos e visse as letras pequenas na oferta de "voos gratuitos" — as complexas restrições e considerações de qualidade que deliberadamente incorporaram para dissuadir os requerentes —, não se daria ao trabalho de passar por um processo tão complexo em nome de uma passagem de avião grátis. Eles subestimaram o público! Tantas pessoas perseveraram em encontrar uma rota através de todas as complexas regras e condições que seus voos grátis colocaram a empresa em uma péssima situação.

Essa história verdadeira é uma parábola para nos lembrar da importância de verificar se não estamos permitindo que as presunções inconscientes ajam como recifes escondidos e furem o fundo do navio.

A minha frase "*pensar fora da caixa*" relaciona-se com o conceito de pensamento lateral, introduzido pelo conhecido pensador e escritor Edward de Bono em *The Five Day Course in Thinking* (1968). O pensamento lateral significa abandonar a abordagem passo a passo e pensar, por assim dizer, "para um lado" (veja a tabela 6.1).

Tabela 6.1 Pensamento vertical versus pensamento lateral

Pensamento vertical	Pensamento lateral
Escolha	Mudança
Procurar o que é certo	Procurar o que é diferente
Seguir diretamente uma coisa mais do que outras	Dar saltos deliberados
Concentrar-se na relevância	Receber bem as mudanças inesperadas
Mover-se na direção mais provável	Explorar as direções menos prováveis

O pensamento lateral, muitas vezes, nos leva a reverter o que parece ser a maneira natural ou lógica de fazer as coisas. Por exemplo, o método mais antigo de fazer carros envolvia equipes de funcionários que se deslocavam de um carro para outro. Henry Ford virou tudo de cabeça para baixo. Ele colocou as armações dos carros em trilhos e as moveu, em vez de mover os homens — e foi o nascimento da linha de montagem.

É importante ter um pensamento lateral porque as sementes de uma solução podem estar fora da caixa em que se está trabalhando. As pessoas realmente criativas têm um vasto leque de relevância: procuram soluções para os problemas que enfrentam, mesmo em lugares ou épocas remotas da história. Quando o agricultor Jethro Tull, do século

XVIII, inventou a semeadeira, usou a sua experiência anterior, de quando tocava órgão: ele estava transferindo, criativamente, a tecnologia de uma área para outra. A maioria de nós, no entanto, tende a pensar de maneira compartimentalizada, e as divisões de trabalho que tornam possível a especialização encorajam esse pensamento cego.

Esteja sempre disposto a desafiar suposições amplamente aceitas.

Como ilustram os exercícios "Os nove pontos" e "Os seis palitos de fósforo", pensar fora da caixa significa ser capaz de detectar suposições, hábitos ou formas habituais de pensar que são aceitas amplamente e sem críticas, mas que não têm nenhuma base na realidade. Muitas delas nós assimilamos em virtude da sociedade em que vivemos. Elas estão entre as convenções cotidianas que aceitamos como verdades sem muita reflexão. "Como todos já sabem..."

Quando "todos já sabem" que algo é verdade, ninguém sabe nada

Andy Grove, mais tarde presidente da Intel, lembrava-se sempre da frase que era repetida por um dos seus professores quando era estudante: "Quando todos sabem que algo é de uma forma, significa que ninguém sabe nada." Ele permaneceu com ela ao longo de sua carreira, e deu o seguinte exemplo de sua relevância.

"Nosso pequeno grupo de pesquisa na Fairchild [Semicondutor], há cerca de 40 anos, começou a estudar as características das camadas superficiais que eram o coração dos modernos circuitos integrados. Naquela época, 'todo mundo sabia' que os estados de superfície, um artifício da mecânica quântica, iriam interferir com a construção dos chips. Ao que parece, ninguém sabia de nada: nunca encontramos nenhum estado de superfície; o que encontramos foram vestígios de contaminação. Quando identificamos e eliminamos essa situação, abriu-se o caminho para a indústria de chips tal como a conhecemos hoje em dia."

O pensamento criativo não pode ser forçado. Se você estiver trabalhando em um problema e não chegar a lugar algum, é melhor largá-lo por um tempo e deixar seu subconsciente — sua Mente Profunda — assumir o controle. Sua mente não funciona de acordo com o relógio, embora goste de prazos. Às vezes a resposta chegará no meio da noite.

Exercício

Você consegue pensar em um momento em que a resposta a um problema chegou quando você menos esperava? Foi a solução certa?

Usar o princípio da Mente Profunda pode abrir o caminho para uma abordagem mais criativa para a resolução de problemas. Muitas pessoas ainda não estão cientes de que suas Mentes Profundas podem desempenhar funções mentais importantes, como sintetizar partes em novos conjuntos ou estabelecer novas conexões enquanto estão envolvidas em outras atividades.

Imagine a sua mente como um aplicativo de notícias no seu celular. Seria bom e organizado se você pudesse sentar-se por uma hora todas as manhãs antes do café e receber informações cuidadosamente curadas da sua Mente Profunda. Mas não é assim. A informação pode começar a inundar a qualquer hora do dia ou da noite.

Se está pensando em uma certa linha e nada acontece, pare. Em vez de investir mais tempo — gastando dinheiro no que está errado —, analise novamente o problema e veja se consegue encontrar uma nova abordagem. Normalmente, a sua frustração será causada por um dos bloqueios mentais descritos mais à frente.

Os processos de análise de um problema ou de identificação de um objetivo são eles próprios meios de programação da mente. Possíveis soluções e cursos de ação quase que instantaneamente começam a nos ocorrer. Quando há um atraso no tempo, isso significa que as partes mais profundas do cérebro foram convocadas para a ação e deram a contribuição que podiam.

> **Dica**
>
> Não tenha medo de parar de pensar em uma decisão ou problema se você não estiver se aproximando de uma solução. Pode ser que você precise pausar seus processos de pensamento consciente para permitir que sua Mente Profunda funcione.

O *tempo de preparação* é importante para o pensamento criativo! Análise cuidadosa e clara, imaginação consciente ou sintetização (usando técnicas como brainstorming em grupos ou sozinho) e exercício da função de valorização do pensamento de forma positiva e não negativa — tudo isso é vital para estabelecer as bases para pensar criativamente (veja a seguir).

Se você está planejando experimentar uma sessão antes do café da manhã, é útil ter sempre uma fase de preparação na noite anterior. Imagine-se como pintor, raspando a madeira, preenchendo buracos e preparando aqui e ali antes de pintar uma primeira demão no dia seguinte.

O PROCESSO DE PENSAMENTO CRIATIVO

Preparação	O trabalho árduo. Você tem que coletar e classificar as informações relevantes, analisar o problema o mais completamente possível e explorar possíveis soluções.
Incubação	Esta é a fase da Mente Profunda. O trabalho mental — analisar, sintetizar e valorizar — continua com o problema na sua mente subconsciente. As partes do problema são separadas e novas combinações ocorrem. Estas podem envolver outros ingredientes guardados na sua memória.

Insight	O momento "Eureka". Uma nova ideia surge na sua mente consciente, gradualmente ou de repente, como um peixe pulando fora da água. Esses momentos ocorrem frequentemente quando você não está pensando sobre o problema, mas está em um estado de espírito relaxado.
Validação	É aqui que a sua faculdade de valorização entra em jogo. Uma nova ideia, um insight, uma intuição, um palpite ou uma solução precisam ser completamente testados. Isto é especialmente verdade se quisermos formar a base para qualquer tipo de ação.

Embora seja útil ter essa estrutura em mente, lembre-se de que o processo mental real é muito mais desordenado do que a tabela apresentada sugere. Pense nas fases como sendo quatro notas num piano, que podem ser tocadas em sequências diferentes ou combinadas em acordes complexos.

Mozart

"Quando estou completamente sozinho", escreveu Mozart a um amigo em uma carta, "completamente sozinho ou durante a noite, quando não consigo dormir; são nessas ocasiões que as minhas ideias fluem melhor. De onde e como elas vêm, não sei, nem posso forçá-las. Também não ouço na minha imaginação as partes sucessivamente, mas ouço-as, ao mesmo tempo, todas juntas".

Falta de fatos	Se você não tem certeza de ter todos os fatos relevantes, você naturalmente hesita em se comprometer. Pesquise mais: isso pode fazer com que você volte a progredir.
Falta de convicção	Talvez você ache difícil porque lhe falta convicção quanto ao valor desse exercício ou na forma como lhe foi pedido que o fizesse. Restabeleça um objetivo que valha a pena.
Falta de ponto de partida	Possivelmente o problema parece tão grande que você não sabe por onde começar. Se assim for, comece por qualquer lado. Sempre poderá fazer alterações mais tarde. A inspiração vem depois que você começou, não antes.
Falta de perspectiva	Talvez esteja perto demais do problema, especialmente se viveu com ele durante muito tempo ou se tem se preocupado incessantemente. Tente deixá-lo de lado por uma semana. Consulte outras pessoas. Explicá-lo a elas pode ajudar; elas podem vê-lo por novos ângulos.
Falta de motivação	Você quer mesmo que aconteça? O pensamento criativo requer perseverança diante de dificuldades superáveis. Se você posterga a resolução com facilidade, pode ser um sinal de que, no fundo, você não tem a motivação necessária. Revigore seu senso de propósito.

A função do pensamento criativo na resolução de problemas é criar novas ideias. Porém, lembre-se de que, em algum momento, as suas habilidades de valorização têm que ser postas em prática. Use a lista de verificação a seguir para avaliar qualquer nova ideia, solução ou curso de ação.

Checklist de novas ideias

- É realmente uma ideia nova?
- É relevante e prática?
- Quem estará envolvido?
- Quanto vai custar?
- Quanto vai poupar?
- Exigirá uma avaliação mais formal?

Em tempos de mudança rápida como os nossos, há valor nas habilidades de um pensador criativo. Se você pode pensar de forma produtiva e construtiva, bem como analiticamente e logicamente, isso lhe dará uma terceira dimensão em sua tomada de decisão e resolução de problemas. A lista de verificação anterior foi fornecida no apêndice. Use-a para avaliar novas ideias, soluções ou cursos de ação.

Resumo de pontos

- Um dos princípios mais valiosos para melhorar a abordagem criativa do trabalho e da vida é aprender a *pensar fora da caixa*. Essencialmente, isso significa estar disposto a desafiar as suposições — muitas vezes inconscientes — que colocam uma gaiola invisível em torno do pássaro do pensamento.
- Uma forma de pensar fora da caixa é o pensamento lateral. Por vezes, a solução para um problema — pelo menos no embrião — reside num domínio empresarial adjacente ao seu, mas bastante distinto dele.
- Há o perigo de formalizar qualquer aspecto do processo criativo — trata-se de um delicado equilíbrio entre seguir um processo ou estrutura consciente e ser guiado pelas inclinações naturais da mente. No entanto, vale a pena ter em mente a sequência do senso comum:

- preparação;
- incubação;
- insight;
- validação.

- A incubação — esperar os ovos chocarem até que os pássaros jovens das ideias surjam — é uma metáfora do trabalho da Mente Profunda. Todos nós temos uma Mente Profunda intencional e útil; diferimos quanto ao uso que fazemos dela.
- "No estado criativo", escreveu o romancista E. M. Forster, "uma pessoa sai de si mesma. O estado é derramado como se fosse um balde em seu subconsciente, e desenha algo que normalmente está além de seu alcance. Ele mistura isso à sua experiência normal e, da mistura, surge algo novo".

O intelecto tem pouco a fazer no caminho da descoberta. Há um salto na consciência, chame-lhe de intuição ou do que você quiser, e a solução surge em sua mente sem que você saiba como ou por quê.

Albert Einstein

7

DESENVOLVENDO SUAS HABILIDADES DE PENSAMENTO

Winston Churchill disse uma vez: "Estou sempre disposto a aprender, mas não gosto que me ensinem". Na verdade, quando você aprende, você é ensinado — por si mesmo. Sem dúvida, Sócrates, se estivesse aqui, poderia ensiná-lo a pensar, mas ele não está. A tomada de decisões e a resolução criativa de problemas não é uma matéria escolar e universitária; não há um corpo formal de conhecimento, apoiado por pesquisa empírica. Assim, se você realmente quer desenvolver suas habilidades de pensamento, sua tarefa é essencialmente de autodesenvolvimento. Neste capítulo, analisaremos algumas orientações de bom senso das quais você necessitará se optar por seguir esse caminho.

O QUE É UM PENSADOR OBJETIVO EFICAZ?

Formar uma imagem clara do tipo de pensador que você gostaria de ser é o primeiro passo. Um conceito claro do pensador que você pode ser um dia pode agir como um ímã. Lembra-se daquele ponto sobre formular onde você quer estar e depois trabalhar de trás para a frente?

Você poderia fazer isso em termos abstratos, listando todas as qualidades, o conhecimento e as funções ou habilidades que gostaria de adquirir até determinado momento. Devo admitir, no entanto, que isso não funciona comigo: é um pouco acadêmico demais. Sugiro um método mais caseiro, que qualquer canibal do Mar do Sul dos velhos tempos teria aprovado.

No próximo exercício, gostaria que se lembrasse das pessoas cujas capacidades de raciocínio você admira. Podem ser pessoas que conheceu pessoalmente ou que estudou em certa profundidade (por exemplo, lendo mais de uma de suas biografias). Na coluna da direita, escreva de forma tão concisa e específica quanto possível as habilidades de pensamento que o impressionaram e que gostaria de "engolir", absorvendo e digerindo interiormente, para que se tornem parte de você. Escreva, por exemplo, qualquer comentário ou ditado-chave pelo qual a pessoa em questão encapsulou sua sabedoria prática.

Exercício

Seus mentores de habilidades de pensamento pessoal

Nome	Habilidade
....	....
....	....
....	....
....	....
....	....
....	....
....	....

Dedique algum tempo a esse exercício, e tente obter uma boa distribuição entre as funções (análise, síntese e valorização) e as formas aplicadas de pensamento eficaz (tomada de decisão, resolução de problemas e pensamento criativo). Afinal, você não quer comer uma refeição composta por apenas um ingrediente.

Você provavelmente achará fácil encontrar os nomes de duas ou três pessoas — um pai, um amigo, um companheiro de vida ou um chefe para quem trabalhou — que exemplificaram uma habilidade de pensamento que você cobiça. Se achar o exercício difícil, deixe-o de lado por uma ou duas semanas. Sua Mente Profunda irá sugerir outros nomes e outras lições — influências que podem ter se tornado mais subconscientes.

A partir de sua lista de habilidades de pensamento "apetitoso", você pode começar a criar uma imagem do pensador prático perfeito. Ele ou ela teria as habilidades analíticas da pessoa A, a imaginação rica e criativa de B, a habilidade de C de ser flexível e improvisar, o julgamento extraordinário de D em situações de incerteza e insegurança, a coragem de E de assumir riscos calculados, o senso intuitivo de F do que realmente está acontecendo nos bastidores, a falta de arrogância e abertura à crítica de G, a determinação de H quando uma decisão é necessária e a tolerância de I à ambiguidade quando o momento não é propício para uma decisão.

Porém, uma pessoa perfeita, com todas essas competências — um sr. ou uma sra. ABCDEFGHI — não existe e nunca existirá. Talvez você conheça a história do jovem que procurou no mundo inteiro a esposa perfeita. Depois de alguns anos, ele a encontrou — mas, infelizmente, ela estava procurando o marido perfeito! A perfeição sempre o iludirá, mas a excelência é uma possibilidade.

O que o exercício consegue, no entanto, é dar-lhe um ideal a que aspirar. Os pensadores avançados em qualquer campo tendem a ser desequilibrados: tal como os atletas, eles desenvolvem determinado conjunto de músculos em vez de outros. Sabia que os corredores *sprinters* são inúteis em provas de longa distância? Não defendo que você seja um pensador perfeitamente equilibrado, uma espécie de "pau para toda obra" intelectual. Em vez disso, sugiro que olhe cuidadosamente para o seu campo e onde você se vê posicionado nele em (a) cinco anos e (b) dez anos. O ideal que você formular deve estar relacionado ao seu campo, embora, é claro, nem todos os seus mentores de habilidades de pensamento pessoal sejam desse campo — pelo menos espero que não; caso contrário, sugiro que sua "abrangência de relevância" seja ampliada.

Exercício

Compare-se com as qualidades que você identificou, sendo 1 a nota mais baixa e 5 a mais alta. Você consegue reconhecer algumas áreas de desenvolvimento em que quer trabalhar?

VERIFIQUE SE VOCÊ ESTÁ NO MEIO CERTO

As habilidades de pensamento são parcialmente genéricas ou transferíveis, e parcialmente situacionais. A tomada de decisões e a resolução de problemas não são resumos: elas são ligadas à terra em um campo particular, com seus conhecimentos, tradições, lendas e valores.

Dimitri Comino, fundador da Dexion plc., uma vez discutiu comigo um livro que eu estava escrevendo sobre motivação. "Pela minha experiência", disse ele, "é muito difícil motivar as pessoas. É bem melhor selecionar pessoas que já estão motivadas". O mesmo princípio é válido, creio eu, para a capacidade de pensar. Na verdade, é muito difícil ensinar a si mesmo habilidades que não são naturais para você. Então escolha um campo que se adapte ao seu perfil natural como pensador. Qual é a sua área de trabalho certa?

Quais são os seus interesses?	Um interesse é um estado de sentimento ao qual você deseja prestar particular atenção. Interesses de longa data — dos quais você naturalmente gosta — tornam muito mais fácil a aquisição de conhecimentos e habilidades.
Quais são as suas aptidões?	As aptidões são as suas capacidades naturais, aquilo para que está preparado pela disposição. Em particular, uma aptidão é a capacidade de aprender ou adquirir determinada habilidade. Sua aptidão pode variar desde ser um dom ou talento até simplesmente estar acima da média.
Quais são os fatores relevantes em seu temperamento?	O temperamento é um fator importante. Algumas pessoas, por exemplo, sentem-se desconfortáveis em situações de tomada de decisão de estresse e perigo, enquanto outras prosperam com elas. Algumas preferem ser solucionadoras de problemas em vez de tomadoras de decisão.

Geralmente é mais fácil identificar os campos para os quais você não está apto, porque lhe falta o nível necessário de interesse, aptidão mental ou características temperamentais para crescer neles.

Vamos assumir que você esteja no meio certo:

- Você tem mais ou menos o perfil certo de aptidões.
- Você tem sido capaz, em outras palavras, de adquirir o conhecimento e as habilidades profissionais/ técnicas necessárias e está gostando de fazer isso.
- Você já lançou as bases do sucesso na equipe, níveis operacionais e estratégicos de liderança.
- Tem credibilidade entre os colegas.

Agora, o que você tem que fazer é focar as habilidades de processo — as mais genéricas ou transferíveis — na tomada de decisão e na solução de problemas. Como pode adquiri-las?

COMO DESENHAR A SUA PRÓPRIA ESTRATÉGIA DE APRENDIZAGEM

Antes de planejar o próprio programa de autoaprendizagem, é útil lembrar-se do processo central de aprendizagem (veja figura 7.1).

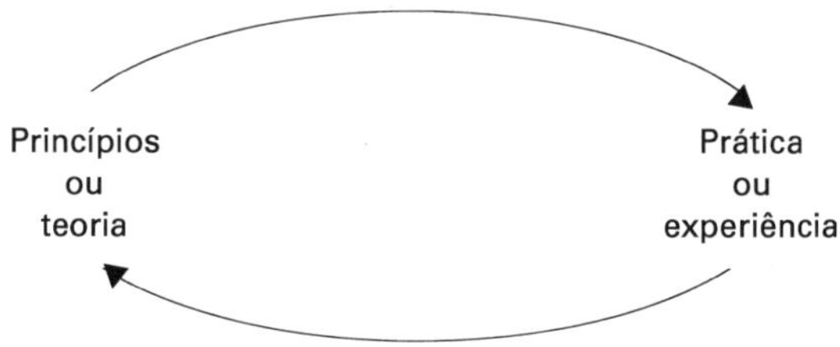

Figura 7.1 ***Como nós aprendemos***

Lembre-se do que foi dito anteriormente sobre as habilidades de pensamento serem parcialmente genéricas e parcialmente situacionais. É quando as faíscas saltam entre esses dois polos que ocorre a aprendizagem. Então, você precisa de ambos.

Por que a tomada de decisões e a resolução de problemas são atividades centrais na vida de qualquer pessoa, temos muita experiência com elas. E, conforme você se move em um campo profissional, e começa a tomar decisões e resolver problemas, logo constrói um repertório de experiência. Aprendemos com os erros.

> **Dica**
>
> Tente não ter medo de aprender com os erros. Não aprender com eles é uma perspectiva muito mais alarmante.

Nos aspectos técnicos de seu trabalho, você tem um corpo de conhecimentos — princípios ou teoria — para fazer valer sua prática. Como pode aplicar o mesmo método de aprendizagem às habilidades de pensamento? Aqui estão algumas sugestões práticas:

- Leia este livro novamente e sublinhe todos os princípios fundamentais. Coloque um asterisco nos modelos ou *frameworks* que você pode usar. Construa o seu próprio corpo de teoria.
- Faça um inventário de suas habilidades de pensamento em relação ao seu próprio campo de trabalho. Qual é o perfil atual de seus pontos fortes e quais são as áreas de melhoria?
- Veja se consegue identificar três decisores e solucionadores de problemas extraordinários no seu meio a quem tem acesso. Pergunte se você pode entrevistá-los brevemente para descobrir que princípios — se algum — baseiam o desenvolvimento deles como pensadores aplicados.
- Selecione uma decisão realmente ruim feita pela sua organização durante os últimos 18 meses. Escreva-a como um estudo de caso, limitando-se a cinco lições-chave a serem aprendidas sobre a tomada de decisões. Se quiser desenvolver a sua coragem moral, envie a lista ao chefe executivo!
- Então, selecione qualquer inovação excepcional em seu campo, dentro ou fora da sua organização. Entendo "inovação" como uma nova ideia que foi "introduzida no mercado" com êxito, como um produto ou serviço novo (ou renovado). Novamente, escreva-o como um estudo de caso e destaque no final as cinco ou seis lições-chave para solucionadores de problemas criativos.
- Organize um programa de leitura de livros. É claro que eu falaria sobre isso, não é? Mas não tenho que convencê-lo a ler — você acabou de ler este livro. Se gostou, e achou que valeu a pena, tente ler um livro sobre liderança a cada ano (veja Leituras Complementares para algumas sugestões) e uma biografia de uma pessoa excepcional em sua área. Mais

uma vez, sublinhe os princípios-chave. Certamente você consegue reservar um tempo para ler um livro em 52 semanas.

- Transfira o seu conjunto crescente de princípios, exemplos, dicas práticas, ditados ou citações e estudos para um caderno. À medida que for completando-o, leve-o em uma viagem ou voo e leia-o de forma reflexiva, relacionando-o com a sua experiência atual.
- Aproveite todas as oportunidades que surgirem no seu caminho para frequentar cursos ou seminários que lhe ofereçam know-how na área geral do pensamento eficaz. Seria interessante, por exemplo, tornar-se completamente versado no que a tecnologia da informação pode fazer — e não fazer — atualmente em seu campo e tornar-se hábil no uso de computadores.
- Por fim, saia do seu caminho para buscar a crítica de si mesmo como um tomador de decisão e solucionador de problemas. Por mais dura que seja, e por mais aparentemente negativa que seja a crítica, você ainda precisa dela para aprender. É a parte mais difícil de ser um autodidata, mas lembre-se do ditado esportivo: "*no pain, no gain*", ou "sem dor, sem glória". Seus críticos, quaisquer que sejam seus motivos ou processos, estão lhe fazendo um serviço de verdadeiros amigos. Examine os seus comentários em busca do ouro da verdade.

Em qualquer programa de autoaprendizagem, a experiência vai desempenhar o papel principal. Não há como fugir disso. Porém, se você contar *apenas* com a aprendizagem no que tem sido chamado de "a universidade da experiência", você será muito velho quando se formar, e não se beneficiará tanto do curso! E as taxas que pagará no caminho serão extremamente altas. Por mais curto que seja, este livro lhe dá os componentes essenciais — as estruturas e princípios-chave — que você pode usar para reduzir o tempo que leva para aprender pela experiência — experiência e princípios.

Dica

Você pode considerar algum *e-learning* em áreas em que acha que precisa se desenvolver.

Você começará a desenvolver tanto o seu conhecimento nessas habilidades de processo quanto a sua habilidade de aplicar esse conteúdo em todas as situações desafiadoras e potencialmente gratificantes que estão à sua frente. Boa sorte!

Resumo de pontos

- O conhecimento é apenas um rumor até estar no músculo, diz um provérbio da Papua Nova Guiné. Pense em sua mente como um músculo — ou um conjunto de músculos. Este livro fala de maneira introdutória como desenvolver esses músculos, mas é você quem tem que se esforçar. Está disposto a fazer isso?
- Não entenda o *pensar* como sendo algo duro, doloroso ou trabalhoso — se fizer isso, certamente não se aplicará para moldar e afiar suas habilidades de pensamento. Pensar é divertido, mesmo quando — ou especialmente quando — somos confrontados com dificuldades aparentemente insuperáveis.
- É mais provável que você seja eficaz como um pensador prático se conseguir encontrar sua vocação, seu nicho certo no mundo do trabalho. O guia aqui é escolher uma função e um campo de trabalho que sejam ótimos para seus *interesses*, suas *aptidões* e seu *temperamento*.
- "Nunca conheci um homem tão ignorante", disse Galileu, "que não pudesse aprender nada com ele". Privilegie especialmente as pessoas que conhece — pessoalmente ou em livros — que podem lhe ensinar coisas sobre como pensar.

- A sabedoria prática deve ser seu objetivo como um pensador, especialmente no domínio aplicado da tomada de decisão. A sabedoria prática é uma mistura de inteligência, experiência e bondade.

Eu aprendo mais não com aqueles que me ensinaram, mas com aqueles que falaram comigo.

Santo Agostinho

Apêndice

A SOLUÇÃO PARA "QUEM É O DONO DA ZEBRA?"

Este problema pode ser resolvido pelo pensamento analítico e lógico — lógica dedutiva — e pela persistência! É necessário compilar uma matriz.

Aproximadamente na metade do processo de resolução do problema, existe uma bifurcação na estrada, ou um salto mental. A única maneira de descobrir qual caminho seguir é por tentativa e erro. Se escolher a estrada errada, terá que refazer os seus passos. Você vai entender por que o recorde mundial para encontrar a solução é de dez minutos!

A seguir, há uma forma de resolver o problema.

Continue trabalhando nos fatos numerados de 1 a 15 em sequência.

Concentre-se em pistas para as quais só há uma resposta. Isto é:

1. Temos cinco casas, cada uma com uma porta de entrada de cor diferente, habitadas por pessoas de diferentes nacionalidades,

com diferentes animais de estimação e bebidas. Cada pessoa come um tipo diferente de comida.

9. O leite é bebido na casa do meio.
10. O norueguês vive na primeira casa à esquerda.
15. O norueguês vive ao lado da casa com a porta azul.

Em seguida, procure informações que tenham apenas duas respostas possíveis. Esse é o primeiro salto mental.

6. A casa com a porta verde está imediatamente à direita (a sua direita) da casa com a porta marfim.

Se você colocar a porta marfim no meio, com a porta verde à sua direita, a resposta estará errada, mas você ainda poderá progredir para descobrir quem bebe a água. No entanto, não irá mais longe que isso.

Se você colocar a porta marfim na quarta casa, com a porta verde na extrema direita, esta resposta estará correta e você poderá progredir logicamente, uma vez que vai descobrir que outros itens de informação agora têm apenas uma resposta. Isto é:

2. O australiano vive na casa com a porta vermelha.
4. O café é bebido na casa com a porta verde.
8. As maçãs são comidas na casa com a porta amarela.
12. As maçãs são comidas na casa ao lado da casa onde o cavalo é mantido.

Em seguida, procure informações que tenham apenas duas respostas possíveis. Este é o segundo salto mental. A seguir:

3. O italiano é dono do cão.

Se você colocar o italiano na casa com a porta verde, estará errado, mas ainda poderá descobrir quem bebe a água.

Se você colocar o italiano na casa com a porta marfim, estará certo, e poderá progredir logicamente; quando encontrar outros itens de informação, eles terão apenas uma resposta. Isto é:

5. O ucraniano bebe chá.
13. O comedor de bolos bebe suco de laranja.

Portanto, o norueguês bebe água.

14. O japonês come bananas.
7. A pessoa que come cogumelos cria caracóis.
11. A pessoa que come cebola vive na casa ao lado da pessoa com a raposa.

Portanto, o japonês é dono da zebra.

Outra forma de resolver este problema é formar uma matriz usando nacionalidades, em vez de números de casa:

Porta da frente	Amarela	Azul	Vermelha	Marfim	Verde
Habitantes	*Norueguês*	Ucraniano	Australiano	Italiano	*Japonês*
Animais	Raposa	Cavalo	Caracóis	Cachorro	*Zebra*
Bebidas	Água	Chá	Leite	Suco de laranja	Café
Comida	Maçã	Cebolas	Cogumelos	Bolo	Bananas

FERRAMENTAS ÚTEIS

CLASSIFIQUE SUAS HABILIDADES ANALÍTICAS

Pense em um problema resolvido recentemente em que você considera que usou suas habilidades analíticas. Se você estava usando suas habilidades, é provável que tenha usado indução ou dedução em seu processo de pensamento. Faça algumas anotações na tabela a seguir.

Problema:	
Indução	**Dedução**

Se você tem exemplos de ambos, é provável que estivesse usando suas habilidades analíticas. Então, avalie suas habilidades, sendo 1 a nota mais baixa e 5 a mais alta.

INFORMAÇÕES RELEVANTES

Pense em uma decisão que você tem que tomar ou que tenha tomado recentemente. Então, anote as informações que tem na coluna da esquerda da tabela a seguir. Agora, desenhe uma seta para a coluna da direita para qualquer informação que considere relevante.

Decisão a ser feita:	
Informação	**Relevante?**

MATRIZ DE TOMADA DE DECISÃO

Pensando na mesma decisão que você usou para completar o exercício em que diferencia as informações disponíveis das relevantes, quais são suas cinco opções mais prováveis?

Tente completar esta matriz de tomada de decisão para cada opção, para ver se consegue eliminar alguma delas.

Opção		
Vantagens:	Desvantagens:	Consequências:
Há alguma forma de testar essa opção?	Riscos:	Ganhos:

AVALIAÇÃO DE RISCOS E CONSEQUÊNCIAS

Vamos trabalhar com o seguinte cenário de tomada de decisão, avaliação de risco e consequências. Imagine que você precise tomar uma decisão em relação à sua equipe: Você deve decidir se irá ou não introduzir a remuneração relacionada ao desempenho. Preencha os trimestres da grade apresentada a seguir com as consequências da decisão de tornar o pagamento totalmente relacionado ao desempenho. Repita agora o exercício com as consequências da decisão de continuar com a remuneração não relacionada ao desempenho.

	Positivo	Negativo
Você		
Outros		

A janela de resultados

Que decisão tem as consequências mais indesejáveis?

FAZENDO AS PERGUNTAS CERTAS

Uma habilidade-chave, tanto quando você está pensando em algo por si mesmo como quando está liderando ou participando de um time, é *fazer as perguntas certas*. As perguntas são as chaves que desbloqueiam a mente. Aqui estão os tipos de perguntas que você deve fazer a si mesmo — e aos outros.

Compreensão do problema

- Quando você reparou ou tomou consciência do problema ou da necessidade de uma decisão?
- Você definiu o problema ou objetivo em suas próprias palavras? (Lembre-se de que um problema bem definido já é metade da resolução.)

- Existem outras definições possíveis do problema que valha a pena considerar? Que soluções gerais elas sugerem?
- Está claro o que você está tentando fazer? Onde se encontra no momento e para onde quer ir?
- Você já identificou os fatores importantes e fatos marcantes? Você precisa dedicar mais tempo para obter mais informações? Você conhece políticas, regras, limitações e procedimentos relevantes?
- Você reduziu o problema aos seus termos mais simples sem o simplificar demais?

Na direção da resolução do problema

- Você verificou as suas principais suposições?
- De todos os cursos ou soluções possíveis, você identificou uma lista das soluções viáveis?
- Você consegue eliminar algumas delas para encurtar ainda mais a lista?
- Se nenhuma solução ou curso de ação parecer correto por si só, você pode sintetizar elementos em duas ou mais soluções para criar uma maneira eficaz de lidar com o problema?
- Você identificou claramente os critérios pelos quais as opções viáveis devem ser julgadas?
- Se você ainda se sente paralisado, consegue se imaginar no estágio final que quer chegar? Se sim, você pode trabalhar de trás para frente, do final para onde você está agora?
- Mais alguém enfrentou este problema? Como o resolveu?

Avaliação e implementação da decisão

- Você usou toda a informação disponível?
- Verificou a sua solução de todos os ângulos?

- As consequências manifestas estão claras?
- Você tem um plano de implementação com datas ou horários de conclusão?
- O plano é realista?
- Você tem um plano de contingência se as coisas não funcionarem como esperado?
- Quando é que você e a sua equipe planejam rever a decisão à luz da experiência?

Você pode se sentir bastante sobrecarregado por essa longa lista de perguntas, mas não precisa recorrer a elas todas as vezes que estiver envolvido em tomada de decisões ou na solução de problemas, pois algumas já terão respostas claras. O que você deve desenvolver são três níveis de competência:

- *Consciência* dos problemas ou da necessidade de decisões — reais ou potenciais. Fique atento para que não seja pego de surpresa.
- *Compreensão* de onde você e a equipe estão em relação ao problema ou decisão. Em que fase do Modelo de Ponte (veja figura 4.1) você está? É necessário trabalhar mais a análise da informação e a definição do problema ou decisão ou você está no momento de gerar opções viáveis?
- *Habilidade* em fazer as perguntas certas para as pessoas certas no momento certo, e ser capaz de testar as respostas pelo seu nível de verdade. A ação baseada na verdade é muito mais provável de ser eficaz do que a ação baseada em uma percepção defeituosa da realidade.

Pode parecer trabalho árduo. Sim, é isso mesmo — mas esse processo também é muito divertido. Não há nada mais satisfatório do que ser confrontado com um desafio mental e superá-lo. Quanto mais difícil o problema, maior a euforia que você e sua equipe vão sentir quando superá-lo. Por isso, resolvam aproveitar a tomada de decisões e a resolução de problemas. Quanto mais você gostar de algo, mais você vai querer fazê-lo — e melhor você vai ficar.

CHECKLIST DA TOMADA DE DECISÃO

Você já definiu seu objetivo?
Você já teve tempo para coletar informações *relevantes*?
Você gerou um número suficiente de opções *viáveis*?
Você já avaliou o risco e considerou as consequências de cada opção?
Você já avaliou a sua decisão em relação aos seus critérios de sucesso?

FERRAMENTA DE IMPACTO DA DECISÃO

Use esta ferramenta para ajudá-lo a compreender o impacto de uma mudança de rumo uma vez que um plano tenha sido feito.

E se eu não fizer nada?	**Opção 1**	**Opção 2**	**Opção 3**	**Opção 4**
O impacto nas necessidades da tarefa será...	O impacto nas necessidades da tarefa será...	O impacto nas necessidades da tarefa será...	O impacto nas necessidades da tarefa será...	O impacto nas necessidades da tarefa será...
O impacto nas necessidades de manutenção de equipe será....	O impacto nas necessidades de manutenção de equipe será....	O impacto nas necessidades de manutenção de equipe será....	O impacto nas necessidades de manutenção de equipe será....	O impacto nas necessidades de manutenção de equipe será....
O impacto nas necessidades individuais será...	O impacto nas necessidades individuais será...	O impacto nas necessidades individuais será...	O impacto nas necessidades individuais será...	O impacto nas necessidades individuais será...

Problema de sistemas:	
	Notas
Quem?	
O quê?	
Onde?	
Quando?	
Por quê?	
Como?	
Ponto de desvio da norma?	
Causa	

BRAINSTORMING

Use a tabela fornecida a seguir para planejar uma sessão de brainstorming. Consulte a lista de verificação posterior para ajudá-lo a planejar.

Tema do brainstorming
Duração proposta
Participantes
Definição do problema
Resumo das informações iniciais
Alvo
Sessão de aquecimento
Resultado esperado
Anotador designado

CHECKLIST DE BRAINSTORMING EFICAZ

- Você usou suas habilidades analíticas e de briefing para definir o problema?
- Você ajudou as pessoas a entenderem o problema, destacando as informações primárias e a história geral?
- Esclareceu o objetivo numa frase sucinta: "De quantas maneiras podemos...?"
- Você realizou uma breve sessão de aquecimento usando um problema ou objeto comum, como a atividade do clipe de papel que realizamos anteriormente?

- Estabeleceu um objetivo? Fez um brainstorming de 70 ideias em 20 minutos, por exemplo?
- Alguém escreveu e compartilhou notas num flipchart, num documento coletivo etc.?
- Deu tempo para uma reflexão silenciosa?
- Você teve cuidado para evitar a negatividade e garantir que nenhuma crítica fosse feita?
- Você compartilhou ideias e encorajou seu intercâmbio?
- Você escolheu as melhores ideias usando critérios estabelecidos para selecionar ideias viáveis?
- Você incluiu técnicas de brainstorming reverso? Ou seja, perguntou: "De quantas maneiras essa ideia pode falhar?"

CHECKLIST DE NOVAS IDEIAS

- É realmente uma ideia nova?
- É relevante e prática?
- Quem estará envolvido?
- Quanto vai custar?
- Quanto vai poupar?
- Exigirá uma avaliação mais formal?